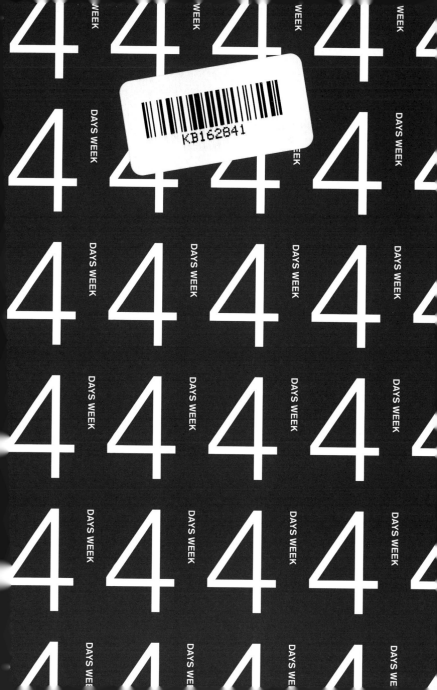

주4일 노동이 답이다

Anna Coote 지음
Aidan Harper
Alfie Stirling

이성철, 장현정 옮김

4 DAYS WEEK 4 DAYS WEEK 4

주 4일 노동이 답이다　　　　안나 쿠트, 에이단 하퍼, 알피 스털링

지은이	Anna Coote, Aidan Harper, Alfie Stirling
옮긴이	이성철, 장현정
초판1쇄	2022년 5월 1일
편집	박정오, 임명선, 하은지, 허태준
디자인	FROMtheTYPE 이광호
미디어	전유현, 최민영
경영지원	김지은, 김태희
마케팅	최문섭
종이	세종페이퍼
제작	영신사
펴낸이	장현정
펴낸곳	호밀밭
등록	2008.11.12. (제338-2008-6호)
주소	부산 수영구 연수로 357번길 17-8
전화	051-751-8001
팩스	0505-510-4675
이메일	anri@homilbooks.com

THE CASE FOR A FOUR DAY WEEK
(1st Edition)
By ANNA COOTE, AIDAN HARPER &
ALFIE STIRLING

· 가격은 겉표지에 표시되어 있습니다.
· 이 책에 실린 글과 이미지는 저자와
  출판사의 허락 없이 사용할 수 없습니다.
· 도서출판 호밀밭은 지속가능한 환경과
  생태를 위해 재생 가능한 종이를 사용해
  책을 만듭니다.

DAYS WEEK 4　DAYS WEEK 4　DAYS WEEK 4　　4

4 DAYS WEEK

4 DAYS WEEK

4 DAYS WEEK

1 들어가며

'시간은 돈'이라는 말이 있다. 하지만 시간은 그런 말로는 부족할 만큼 사실 훨씬 더 소중하다. 우리에게 돈은 없을 수도 있지만, 시간은 늘 있는 것이기 때문이다. 영원히 살 수 없기에 시간은 누구에게나 한정된 자원이고 바로 그런 의미에서 시간이야말로 우리가 가진 전부이며 우리가 확실히 믿을 수 있는 전부라고 해도 좋다. 우리가 시간을 어떤 방식으로 경험하고 또 얼마만큼 통제할 수 있느냐의 문제는 우리 모두에게 최우선으로 중요한 일이다.

세계인권선언 제24조는 다음과 같이 말한다.

> "모든 사람은 합리적으로 노동시간을 제한하고, 유급 정기휴가를 포함한 휴식과 여가의 권리를 갖는다."

그런데, 무엇이 '합리적'이고 어느 정도의 '휴식과 여가'여야 충분한 걸까? 이 책에서 우리는 그 답이 '주4일 노동'이라고 주장하려 한다. 우리가 돈을 위해 일하는 데는 지금보다 시간을 덜 쓰고, 대신 우리 자신을 위해서는 지금보다 더 많은 시간을 쓸 수 있을 때 세상은 더 나은 곳이 될 테고 우리의 삶도 훨씬 나아질 것이라고 믿기 때문이다.

어떤가? 우리의 주장이 마음에 드는가? 아마도 여러분은 아래와 같이 답할지 모르겠다.

> "제발 그렇게 좀 해주세요. 주5일 동안 일하느라 완전히 너덜너덜해졌다고요."
>
> "일하는 날이 아예 없는 것보다야, 4일 정도면 훨씬 낫죠."
>
> "사양할래요, 생활비를 벌려면 더 '적게'가 아니라 오히려 더 '많이' 일해야 한다고요."
>
> "급여를 줄이지만 않는다면 더 많이 놀고 싶기는 하죠. 더 나은 삶을 위해서는 더 많은 돈이 필요하니까요."
>
> "사장이 좋아할까요? 결국 5일 동안 해야 할 일을 4일 만에 압축해서 해야 하느라 저만 더 힘들어질걸요."

그러니 이게 간단한 문제만은 아니다. 그리고 그런 이유로 이 책의 제목인 '주4일 노동'은 우리가 제안하려는 더 미묘하고도 다양한 뉘앙스를 함축하고 있다. 우리의 목표는 누구나 적절한 삶을 위해 일해야 할 시간을 주당 4일 혹은 30시간 정도로, 혹은 1년에 걸쳐 그 비슷한 수준으로 줄이는 것이다. 사람들이 일하는 시간을 할당하는 방식은 그 자신들의 필요에 따라 적절히 유연해야만 한다. 우리는 모두에게 주4일 노동이 기계적으로 적용되리라고는 예상하지 않는다. 대신 각자의 삶의 질을 개선함으로써 모두에게 이득이 되는 방식으로 노동시간을 줄이기 위한 여러 조치가 점진적으로 도입되리라 예상한다. 이어질 내용 속에서 우리는 '주당 근무 단축' 혹은 '노동시간 단축'과 같은 용어들을 이런 아이디어를 전하기 위해 번갈아 사용할 것이다.

이는 1년 동안 주말을 3일씩 갖는다는 의미일 수도 있고,

매주 5번의 여유 있는 오후가 생긴다는 의미일 수도 있으며, 나아가 남는 시간을 모아뒀다가 한 번에 일주일 혹은 그 이상으로 사용함으로써 더 긴 휴식을 가질 수 있다는 걸 의미한다. 여러분은 이 시간을 다양한 방식으로 사용할 수 있다. 그 시간에 아이를 돌볼 수도 있고, 엄마를 만나거나 친구들과 어울릴 수도 있으며 무언가를 공부하거나 공원을 달리거나 선반을 설치하거나 그림을 그리거나, 또는 새로운 앱을 개발하거나 밴드 혹은 캠페인 그룹에 가입할 수도 있고 춤을 배우거나 아무튼 그 무엇이든 할 수 있다.

대부분의 사람이 돈을 위해 일하는 시간은 적을수록 좋다고 생각한다. 2019년 발표된 영국의 한 조사에 따르면 노동자의 70%는 주4일 노동이 도입되면 자신들의 정신건강이 나아질 것이라고 대답했다.[1] 또 기업의 64%도 주4일 노동 도입을 지지했다.[2] 실수입이 줄어들지 않는다면 직원들은 당연히 더 열정적으로 일할 것이다.[3] 그런데 TUC(노동조합회의. Trades Union Congress)에 따르면 영국에서 3백만 명 이상의 사람들은 급여가 줄어들더라도 더 적은 시간 일하는 것을 선호하고 천만 명 이상의 사람들이 전반적으로 더 적은 시간 일하기를 원하는 것으로 나타났다.[4] 사람들이 일하기를 싫어해서 그런 게 아니다. 오히려 괜찮은 직업을 갖는 것은 삶의 질이나 행복과 직결된다.[5] 그럼에도 사람들은 자신이 마음대로 사용할 수 있는 시간이 더 많아지기를 원한다. 돈을 더 벌기 위한 게 아니라면 직장에서 더 많은 시간을 보내고 싶어 하는 사람은 많지 않을 것이다. 지나온 삶을 후회하는 사람들도 있겠지만, 그들 중 '더 많은 시간을 사무실에서 보냈더라면 좋았을 텐데'라고 말할 사람이 얼마나 있을까.

그럼에도 우리에겐 '장시간 중노동'에 대한 일종의 집단적 중독 현상이 존재한다. 그 길만이 우리 모두에게 유익하고 지금의 삶을 버티게 해줄 유일한 길이라는 믿음이 깔려있는 것이다.

2019년 11월, 한 은퇴한 방사선 전문의가 타임스에 주4일 노동을 도입하겠다는 영국 노동당의 공약을 공개적으로 비난하는 글을 보냈다. 그녀는 국민건강보험이 수련의들의 노동시간을 주 56시간으로 제한함으로써 이미 이런 공약에 '무릎을 꿇은 셈'이라고 주장하면서, 주4일 노동은 그들의 수련에 심각한 피해를 주고 의료서비스의 붕괴로 이어질 것이라고 개탄했다.[6] 물론 극단적인 경우일 수 있지만, 이 사례는 현재의 상황을 개선하기 위한 만족스러운 대안을 상상하기가 쉽지만은 않다는 걸 잘 보여준다. 주당 노동시간이 40시간이든 혹은 그 이상이든 간에 우리는 그것을 그냥 '정상 normal'이라고 인지해왔다. 통상 자연스럽고 불가피한 일, 모호하지만 옳은 일이고 되돌릴 수 없는 일이라고 받아들여 왔다. 하지만, 이는 사실과 거리가 멀다. 2020년의 코로나19 위기가 전 세계에 걸쳐 정상적이라고 생각해왔던 우리의 일상을 얼마나 쉽게 파괴했는지 생각해보라.

'정상 normal'은 어디에서 오는가?

그렇다면 우리가 어떻게 '정상'이라고 여기게 됐는지 좀 더 깊이 살펴보자. 19세기 영국의 정규 노동시간은 주당 6일이었고 하루에 10시간에서 16시간씩 일했다. 그러다가 19세기 중반부터 영국과 미국의 노동자들이 노동시간에 대한 '정당하고 충분한' 제한이 필요하다는 캠페인을 벌이기 시작했다. '8시간 운동'이 힘을 얻기 시작하면서 수천 명의 노동자가 몰려나와 '8시간 노동, 8시간 휴식, 8시간의 자유'를 요구했다.[7] 마르크스는 노동시간 단축이 자신이 언급한 '진정한 자유의 영역'[8]을 위한 '기본 전제조건'이라며 지지했고, 이는 전 세계에 걸쳐 산업화된 국가들에서 사회주의와 노동 운동의 핵심 의제가 되었다.

1856년에는 호주 멜버른의 석공들이 세계 최초로 하루 8시간 노동을 위한 투쟁에 성공했고[9] 영국에서는 1889년에 이스트런던의 가스 노동자들이 최초로 하루 8시간 노동을 쟁취해냈다. 이후 1919년, 막 설립된 국제노동기구(ILO)는 산업노동시간 협약을 제정해 하루 8시간 또는 주40시간 노동의 원칙을 확립했고 52개국이 이를 비준했다.[10]

1926년 미국 포드자동차는 임금 삭감 없이 공장에서 노동자들에게 주5일, 40시간 노동을 도입한 최초의 회사 중 하나였다. 이후 생산성은 향상했고 포드자동차는 나날이 성장했다.[11] 1930년에는 시리얼 계의 거물이었던 켈로그(W. K. Kellogg)가 미시간주 배틀크릭에 있던 자신의 공장에서 기존 8시간 3교대 근무를 6시간 4교대로 바꾸었는데 그 결과 결근, 이직, 인건비 등이 눈에 띄게 감소했고 산업재해는 41% 줄어들었다.[12]

(미국의 32대 대통령) 프랭클린 루스벨트는 1933년, '대통령 재고용 협정'을 발표하면서 미국 기업들에 시간당 임금은 인상하고 주당 노동시간은 35시간으로 단축할 것을 촉구했다. 루스벨트는 정부 지출이 경기를 부양할 수 있으며, 생산성 향상과 노동시간 단축은 서로 강하게 연동되어있다는 영국 경제학자 케인스(J.M.Keynes)의 견해에 공감했다. 그는 더 많은 사람이 직장에 복귀하는 동시에 임금을 인상함으로써 소비와 성장이 촉진되기를 희망했다. 기업들도 기다렸다는 듯 협정에 가입했고 150~200만 개의 새로운 일자리가 만들어졌다.

이후 노동투쟁과 정부 정책이 결합하면서 20세기 중반까지 이틀 동안의 주말과 주40시간 노동은 표준이 되어 널리 퍼져나갔다. 그러나 이 과정이 순조롭지만은 않았다. 〈그림-1〉에서 알 수 있듯, 평균 노동시간은 계속 감소했지만 1980년대만큼은 아니었다. 이후 많은 나라에서 이런 흐름이 완화되었고 어떤 나라에서는 오히려 역전되었다.

1930년, 케인스는 21세기가 되면 주당 15시간 노동이 표준이 될 것이라는 유명한 예측을 했다. 얼마나 크게 틀렸는가! 노동시간 단축을 향해 나아가던 중 제동이 걸리게 된 계기는 무엇이었을까? 경제와 문화발전의 결합이 우리를 하루 8시간 노동이라는 규범에 가둬버렸다. 결국엔 빗나가 버린 그 유명한 예측을 할 당시만 하더라도, 케인스는 경제 전체의 노동생산성, 즉 시간당 국내총생산(GDP)이 모든 사람이 훨씬 더 적은 시간을 유급 노동에 쓰면서도 사회가 요구하는 수준까지 충분히 상승하리라 예상했다. 그는 '물질적 풍요'의 시대가 오리라 기대하면서 그것이 '좋은 삶의 열매를 맺을 수 있도록' 보장해줄 시험대가 되리라 생각했다.

제2차 세계대전 이후 30년 동안, 생산성은 실제로 빠르게 증가했다. 동시에 단체교섭도 경제 분야 전반에 걸쳐 중요한 역할을 했고, 공공부문 조정에서도 마찬가지였다. 그 결과 부분적으로는 생산성 향상으로 인한 이익이 임금 인상과 평균 노동시간 감소라는 측면에서 사회 전반에 걸쳐 더 고르게 퍼져나갔다.

그러나 1980년대 들어 선진국들을 지배하던 게임의 규칙이 변화하기 시작했다. 기업과 정부의 투자가 전반적으로 줄어들면서 노동생산성 성장률도 떨어지기 시작했고 제조업은 쇠퇴하고 서비스 부문은 성장하면서 산업구조도 재편되기 시작했다. 정보통신기술이 점점 더 지배적인 산업으로 부상했지만, 수십 년 전 제조 및 생산공정을 개선했을 때에 비하면 GDP 성장에 대한 측정 가능한 한계 이익은 더 낮은 것으로 나타났다.

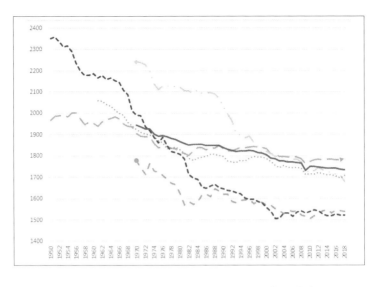

〈그림-1〉 1971년 이전과 OECD 평균 데이터를 가진 G7 국가들의 1950~2018년 사이 노동자 1인당 연간 평균 실질노동시간. 출처: OECD (https://stats.oecd.org/Index.aspx?DataSetCode=AVE_HRS)

　　전반적으로 경제 규모는 이전보다 더 느리게 증가하고
있는데 이전보다 더 큰 몫이 노동자들을 희생시키면서 부동산
소유주와 주주들에게 돌아가고 있다는 점은 결정적이었다. 더
나은 임금과 노동조건을 위해 교섭해야 할 노동조합의 역량은
크게 약해졌고, 1980년대에 특히 영국에서 이런 현상이
두드렸지만 다른 나라들도 수십 년 동안 크게 다르지 않았다.
전반적으로, 부의 수익률에 비해 급여는 훨씬 느린 속도로
증가했다. 평균 실업률도 눈에 띄게 높아졌다. 소득 불평등은
전후(戰後) 유례가 없을 만큼 유럽과 북미 전역에 걸쳐 심각해졌고,
이후 다른 여러 나라에서도 좌파와 우파를 가리지 않고 다양한
증상들을 통해 나아질 기미를 보이지 않았다. 더 많은 여가를
가지려던 흐름은 뚜렷하게 느려졌다.

　　2008년 금융위기는 전후 선진국 경제 전반에 걸쳐 세
번째로 권력과 보상이 큰 틀에서 진화하도록 불을 붙였다. 예를

들어, 영국에서는 장기 생산성 증가율이 2008년 이후 3분의 2로 떨어졌다. 이는 현대사에서 전례를 찾기 힘들 만큼 늘어난 부실지급과 저임금 및 고용불안의 현저한 증가에 따른 원인이자 결과였다. 500만 명 이상을 차지하는 영국 노동자 6명 중 1명은 어떤 형태로든 직장에서 고용불안과 함께 저임금을 경험하고 있으며[13] 많은 노동자가 저임금과 무임금 사이의 회전문에 갇혀버렸다. 한편, 다른 많은 국가에서 – 특히 남부 유럽에서 – 실업률은 여전히 매우 높다. 이렇듯 불안한 추세와 더불어, 평균 노동시간의 단축은 2차 세계 대전 이전 이후로 2008년까지 가장 긴 기간 동안 정체되었다.

문화의 발전

이 모든 것의 이면에는, 무엇이 '정상'인가에 대한 것만큼이나 무엇이 '옳은'가에 대한 일반적인 태도를 형성하는 강력한 생각들의 결합이 존재한다. 포드자동차가 주5일 40시간 노동을 도입했던 해인 1926년, 미국종합철강회사의 이사회 의장이었던 앨버트 H. 개리 판사는 뉴욕타임스와의 인터뷰에서 주5일 노동이 비현실적이고 경쟁에 뒤떨어지는 데다 비논리적인 일이라며 이는 철강 노동뿐 아니라 다른 모든 사업 분야에서도 마찬가지라고 말했다. "성경에서 이르길, '6일 동안 네 모든 일을 힘써 하라'고 했는데 7일이라고 하지 않은 이유는 일곱 번째 날은 쉬어야 할 날이고 이것으로 충분하기 때문"이라는 것이었다.[14]

　　노동시간 단축에 대한 개리 판사의 혐오는 상업적 위험에 대한 단순한 두려움을 넘어선 더 깊은 무언가를 끌어냈다. 그는 노동이야말로 신으로부터 주어진 인류의 목적이라는 널리 퍼진

믿음을 활용했다. 노동이 잔인하고 강압적인 곳이라면 데카르트가 제안했던 것처럼 몸과 마음의 구분이 도움 되었다.[15] 만약 인간이 '신의 형상'으로 만들어졌다면, 신을 닮은 본질은 안전하게 마음(혹은 영혼)에 놓일 수 있고 산업자본주의의 광산, 제분소, 공장 등을 위한 기계가 되기 위해 갈고 닦인 유한한 육체로부터 따로 구분되어 영생할 수 있을 것이었다.

기계로 작동되는 시계는 이런 훈련을 위한 필수적인 요소였다. 시계장치가 더욱더 신뢰받으며 널리 사용됨에 따라 마르크스가 '시간의 상품화'라고 정의한, 또 영국 역사학자 에드워드 톰슨이 '산업적 시간 의식'의 탄생이라고 묘사했던 바로 그런 상황이 시작됐다.[16] 산업은 노동자들이, 계량화할 수 있고 사고팔 수 있으며 예측 가능하고 신뢰할 수 있는 기계가 되기를 요구했다.

시간 이론가 바바라 아담(Barbara Adam)에 따르면, '계절, 노화, 성장과 쇠퇴, 기쁨과 고통'에 따라 가변적이었던 시간은 '맥락이나 감정과 관계없이 어디서나 똑같은 1시간이라는 시계의 추상적 시간'에 자리를 내주었다.[17] 이후로 우리는 초, 분, 시간, 일, 주 등 균일하게 셀 수 있는 독립적인 단위로, 또 전 세계적으로 일치하는 단위로 시간을 생각하는 데 점점 더 익숙해졌다. 우리는 시계와 달력을 통해 우리 삶을 파악하고 거기에 줄을 긋고 그에 따라 살고 있다.

'시계의 시간'은 이익과 성공을 위해서는 열심히 일해야만 한다는 근면의 윤리를 강력한 직업윤리로 받아들이는 데 기여하고 강화했다. 이 윤리는 여러 나라에 걸쳐 경제와 문화의 발전에 깊게 뿌리내렸다. 또한, 현대 자본주의가 잘 굴러가도록 하면서도 점점 더 해로운 영향을 끼쳤다. 장시간의 유급 노동이 미덕이자 성공을 위한 길이라면, 이는 곧 인간 존재의 주된 목적과 가치가 생산력에 있다는 말과 다를 바 없다. 이런 논리라면, '비생산적인' 사람은 가치가 없다는 말이 된다. 겨에서 밀을 골라내듯, 열심히 일하는 '노력파'는, 게으른 '놀자파'에서 분리되고,[18] 전자는 그만큼 보상받고, 후자는 그만큼 처벌받는다. 점점 더 인색해지는 '사회 보호' 시스템에 의해서 말이다.

이제는 노동시간 단축이라는 흐름을 되돌리고 싶어 안달이 난 정치인과 재계 인사들이 많아졌다. 그들은 에너지 드링크와 심야 체육관, 거침없는 생산성 향상을 위해 '늘 켜져 있는 always on' 문화를 전파하는 자기계발서와 함께 수면 부족을 자랑처럼 떠벌린다. 페이팔과 스페이스X를 소유한 일론 머스크는, "주당 40시간 노동으로 세상을 바꾼 사람은 아무도 없다"고 단언한다.[19] 알리바바그룹의 CEO이자 중국의 억만장자인 마윈(Jack Ma)도, 오전 9시부터 오후 9시까지 6일 동안 일한다는 이른바 '996' 루틴을 옹호한다.[20] 이런 태도들이 장시간 노동을 선호하는 강력한 문화적 편견의 원인이 되어왔다.

우리는 '정상 normals'을 바꿀 수 있다

그러나! 경제와 문화라는 두 가지 측면 모두에서 우리에게 용기를 주는 신호들이 있다. 오늘날 선진국에서 경제성장이 사실상 연간 노동시간의 단축과 관련이 있다는 점이다. 스펙트럼의 한쪽 끝에 있는 그리스나 멕시코처럼 더 가난한 나라들은 연간 노동시간은 많은데 상대적으로 생산성이 낮은 반면, 다른 쪽 끝에 있는 북유럽과 스칸디나비아 국가들은 연간 노동시간은 적은데 생산성은 높다. 영국 같은 나라는 생산성이 높은 경제권역에

속하지만, 여기에서도 국가 간 상당한 차이가 존재한다. 예를 들어 영국과 독일 사이에 존재하는 격차를 고려해보자. 2018년 독일의 1인당 평균 연간 노동시간 1,363시간으로 영국의 1,538시간보다 훨씬 낮았지만, 시간당 GDP는 109로 영국의 103보다 훨씬 높았다.[21] 사람들이 독일 노동자들이 목요일 점심시간쯤 장비를 내려놓아도 영국 노동자들이 금요일 끝날 때까지 일한 것만큼은 해놓았을 것이라고 비꼬는 것은 당연하다.

국가 간 생산성을 비교하는 것은, 가격과 가치를 일정하고도 비교 가능한 척도로 가정한다는 점에서 문제의 소지가 있다. 경제를 구성하는 단 하나의 분명한 원칙 같은 건 없기 때문이다. '성공'을 위해 얼마나 많은 시간 노동해야 하는지에 대한 법칙이나 숫자 같은 건 없다. 중요한 건, 생산성만이 아니라 그렇게 생긴 이득을 누가 어떻게 얻는가 하는 것이다. 노동시간과 다른 경제적 기반 사이의 관계는 문화와 제도에 의해 뒷받침되는 특별한 경로 의존성을 가질 수 있다. 그러나 역사는 우리에게, 국가가 얼마든지 그런 경로를 바꿀 수 있고 실제로 바꿨다는 걸 보여준다. 정치인, 노동조합, 그리고 더 넓은 범위의 시민 사회가 어떻게 결정하고 행동하는가에 따라 실질적이고 중요한 차이들이 만들어지기 때문이다.

또한, 우리는 문화적 편견에 영원히 갇혀있을 운명이 아니다. 개리 판사처럼 신이 우리에게 부여한 표준 노동시간이 있다고 믿지 않는 한 (우리가 믿지 않는 것처럼), 우리는 그것이 사회적으로 구성될 수 있으며 그렇기에 우리가 바꿀 수도 있다는 데 동의할 수 있다.

주5일 혹은 주당 40시간의 유급 노동은 '정상'도, '필연적인' 일도 아니다. 또한 우리가 우리의 시간을 파는 과정이 우리 삶의

다른 모든 측면을 통제하거나 형성해서도 안 된다. 우리는 우리 각자가 더 많은 걸 사기 위해 고군분투하는 게 경제에 유익하다고 가정하면서 모두가 일하기 위해 살고, 돈을 벌기 위해 일해야 한다는 생각에 반대한다. 결국 모든 경제활동은 인류와 지구의 이익을 위한 것이어야지 그 반대여서는 안 된다.

과로는 우리 건강을 해친다. 어느 정도 수준 이상이 되면 돈이 우리를 더 행복하게 해주는 것도 아니다. 지금처럼 자원 집약적인 물건을 점점 더 많이 소비하다 보면 우리의 유한한 행성은 더 버티지 못하고 전 세계를 재앙으로 몰아넣을 위험이 크다. 시간은 잘 가꾸고 보살펴야 할 자산이다. 돈과 상관없이 보낼 수 있는 시간을 우리 삶의 조그만 구석으로 밀쳐놓고 꽉꽉 짜낼 수만은 없다. 그러기에는 너무도 소중하고 가치가 크기 때문이다.

바로 이런 사실들이 우리가 주당 노동시간을 더 줄여나가야 할 강력한 이유들이다. 그리고 2020년 시작된 팬데믹으로 인한 사회경제적 효과는 이런 경향을 더 선명하게 드러내며 환기하게 한다.

다음 장에서 우리는 이러한 근거들을 더 자세히 탐색하려 한다. 특히, 유급 노동시간의 단축이 어떻게 사회와 환경에 이익을 가져오게 되는지 살펴볼 것이다. 3장에서는 선택, 여가와 급여, 노동시간 단축이 정말로 경제에 악영향을 끼치는지 여부 등에 대한 질문을 포함해 우리의 제안을 향한 다양한 이의 제기에 대해 생각해보고 또 응답할 것이다. 4장에서는 정부의 개입과 노조의 협상에서부터 개별 고용주와 부문간(部門間) 캠페인에 의한 주도적 활동에 이르기까지, 그것들이 실제로는 현실에서 어떻게 이루어지게 되는지 설명한다. 그리고 5장에서 우리는 노동시간 단축으로의 전환을 위한 로드맵을 제시할 것이다.

2 우리는 왜
더 적게 일해야 하는가

산드라 안데르손은 스웨덴 남부 예테보리에 있는 도요타 서비스
센터에서 근무한다. 그녀는 주4일 노동과 동일하게 주5일 하루
6시간 교대로 일한다. 오전 6시에 일찍 일을 시작해 정오가 되면
일과를 마치고 오후에는 자기만의 시간을 갖는다. 그녀는
러시아워를 피해 움직이기 때문에 항상 남들보다 빨리 출퇴근한다.
또 보수도 하루 8시간을 일했을 때와 다를 바 없다. 그녀는 말한다.

> "12시에 마치는 건 끝내주는 일이죠. 가정을 꾸리기 전에는
> 일 마치고 해변에 갈 수 있었어요. 지금은 아기와 함께
> 오후를 보내죠."

도요타는 빠르게 혁신한 기업이었다. 2002년까지 도요타
서비스 센터의 직원들은 오전 7시에 출근해 오후 4시가 되면
퇴근했다. 그들도 종종 스트레스를 받았고 때로는 실수도 했다.
고객들은 긴 대기시간 때문에 불평했다. 그러더니 임금 삭감 없이
오전 6시부터 정오까지 6시간 2교대 하는 것으로 근무체제를
전환했다. 보도에 따르면 이렇게 하면서 노동자들의 만족도도
올라가고 이직률도 낮아졌으며 채용도 더 쉬워졌다. 정비공들은

30시간 동안, 이전에는 40시간 동안 생산했던 양의 114%를 생산했고 수익은 25% 증가했다.[1]

노동시간이 줄어들면 노동자의 삶의 질이 높아지고, 이는 다시 노동의 질 향상으로 이어진다. 도요타 센터에서 일어난 일은 결코 특별한 게 아니다. 임금을 깎지 않으면서도 노동시간을 단축하고 전반적으로 모든 면에서 긍정적인 결과를 가져온 작업상은 아주 많다. (4장에서 더 자세히 소개할 예정이다) 이 장에서 우리는 주당 노동시간 단축을 위한 움직임이 건강 악화, 노동시간 분배의 불평등, 성별 불평등, 보육을 비롯한 다른 공공 서비스의 변화, 민주주의의 향상, 그리고 생태적 지속가능성 증진 등을 포함한 오늘날 우리가 직면하고 있는 가장 시급한 문제들을 해결하는 데 도움이 될 방법을 모색한다.

건강과 웰빙

긴 노동시간과 과로는 사람들이 병가를 내는 주요한 요인 중 하나인 심각한 수준의 스트레스를 유발하는 것으로 알려져 있다. 예를 들어 영국에서는 2018년, 업무 관련 스트레스나 우울증, 불안 등을 이유로 생긴 장기 결근으로 1,540만일이 손실되었는데 이는 전년도에 비해 300만일 정도 증가한 숫자였다.[2] 보고서에 따르면, 결근으로 손실된 4일 중 1일은 업무량의 직접적인 결과였다. 업무 스트레스와 우울증, 불안으로 인한 결근은 2014년까지 꾸준히 증가해왔다. 극심한 장시간 노동은 전 세계적인 현상이다. 일본에서는 그 결과로 매년 1만 명의 노동자가 사망하는 것으로 알려져 있다. 심지어 이런 현상을 가리키는 'karōshi (과로사)'라는 용어가 따로 있을 정도다.[3]

공식적으로 병가가 기록된 노동자들 외에, 과로로 인한 폐해를 무릅쓰고 계속 일하는 많은 다른 노동자들이 있다. 그들은 질병뿐 아니라 오류와 사고의 위험을 높일 수 있는 피로와 스트레스로 고통받고 있다.[4] 과로는 기업이 더 큰 비용을 부담하게 하고 성과를 좀 먹는다. 더 중요하게는 과로가 사람들의 삶의 질을 훼손하고 그들이 더 풍요롭고 잘 살 수 있도록 하는 데 방해가 된다는 것이다.

따라서 노동시간의 단축은 우리 대부분의 고용 경험을 향상시키고 건강을 보호하며 업무의 질만큼이나 삶의 질도 증진 시킬 것이다. 여러 연구가 이러한 가설을 뒷받침한다. (4장의 스웨덴 예테보리의 사례 참고) 건강과 행복의 혜택은 임금 손실 없이 노동시간이 단축될 때 더 크지만, 비록 임금이 다소 삭감되거나 임금의 인상 폭이 줄어들더라도 노동시간 단축은 종종 스트레스를 비롯한 정신건강에 좋지 않은 여러 증상을 줄여줌으로써 맡은 업무의 질을 높여주는 선순환으로 이어진다.

노동과 시간의 분배

물론 많은 것이 애초에 사람들이 무엇을 받게 되는지, 그들의 일이 안전한지, 또 얼마나 자신의 시간을 통제하고 있다고 느끼는지에 좌우된다. 어떤 사람은 여러 일에 과잉고용되어있는 반면에 어떤 사람은 적절한 삶을 위해 필요한 시간을 얻지 못한다. 2018년 영국에서 불완전고용자로 지정된 사람은 239만 명이었던 반면, 대부분 그럴만한 여유는 없다고 생각하면서도 더 적게 일하고 싶다고 답한 사람은 1,024만 명이었다. 666만 명은 급여 손실 없이 더 적은 시간 일하기를 희망했다.[5] 확실히 우리에게 노동시간의 공정한 분배는 부족한 상황이고, 그러므로 모두가 자신의 필요에 따라 유급 노동과 휴무 사이의 균형을 누릴 기회는 아직 남아있다.

노동시간뿐만 아니라 임금과 안전 또한 불균등하게 분배되고 있다. 2008년 이후, 급증한 제로 아워(Zero-Hours) 계약 - 고용주와 개인 간에 이루어지는 다양한 형태의 임시적 계약으로 핵심은 고용주가 개인에게 최소 근무시간을 보장하지 않고 업무가 생겼을 때 수행을 요청한다는 점이다; 옮긴이 주 - 이나 이른바 '긱 이코노미 gig economy - 기업들이 정규직보다 필요할 때마다 임시로 사람을 고용하는 경향이 두드러지는 경제상황; 옮긴이 주 - ' 는 주요 고용 수치들을 복잡하게 만든다. 고용률 상승이 곧이곧대로 직접적이고 긍정적인 사회경제적 결과로 해석될 경우, 저임금과 불안 및 불안정고용 같은 심각한 문제들이 가려질 수도 있다.[6]

자동화가 더 많이 진행되면 기존의 노동시간과 소득 간 불평등이 더욱 악화될 수도 있다.[7] 우리는 어떤 이들이 예상하는 실업의 대재앙이 일어나리라고는 생각하지 않는다. 정리해고 규모에 관해 눈길을 끄는 계산은 종종 기술적 타당성과 실제로 그 일이 일어날 가능성을 혼동하는 경향이 있다. 그럼에도 자동화가 유급 노동의 분배에 영향을 미치고 이중 노동 시장의 양극화를 심화시킬 가능성은 여전히 높다. 행정이나 법률, 인사 등 고도로 구조화되어 있고 일상적이며 반복적인 중산층 전문직 일자리들은 기술로 대체될 가능성이 가장 큰 직업군 중 하나다. 이미 기술적으로 그렇게 하는 것이 가능한 상황이고, 기술로 교체하는 데 드는 비용이 한계 인건비보다 싸게 먹히기 때문이다. 그리고 이러한 변화들로 발생한 대부분의 이득은 고액 연봉을 받는 경영자들과 일부 회사 주식을 소유하고 있는 이들의 몫이 될 것이다. 한편, 디지털 플랫폼을 통해 보호받지 못하는 작업이 확산되고 신기술로 이득을 보는 사람들에 의해 가정 청소부, 개인 트레이너 및 기타 라이프스타일 전반에 대한 서비스 수요가 증가함에 따라 저임금의 불안정한 직업은 빠르게 늘어날 것이다.

사회적, 경제적 불평등은 개인의 건강과 행복뿐만 아니라 사회 전체에 해롭다.[8] 케이트와 윌킨슨 - Kate Pickett and Richard Wilkinson (옮긴이 주) - 이 입증했듯 다양한 건강 및 사회 문제, 예를 들어 신체와 정신의 건강, 약물 남용, 교육, 구속, 사회적 이동, 신뢰와 공동체의 삶, 폭력, 십 대의 임신, 아동 복지 등을 살펴보면, 부유하면서도 불평등 정도가 높은 나라일수록 그 결과가 나쁘다.[9]

물론 노동시간 단축으로 이 모든 문제를 해결할 수는 없다. 그러나 노동시간 단축은 '긱 이코노미 gig economy'의 시대에 시급을 높이고 고용 안정성과 노동조건을 개선하기 위한 광범위한 전략의 일부로서 중요한 역할을 할 수 있다. 또한 유급 일자리를 노동인구 전체에 더 고르게 분배함으로써, '가진 자와 못 가진 자' 사이의 격차가 계속 벌어지게 하는 대신에 더 많은 사람이 충분한 보수를 받을 수 있는 일자리를 넉넉하게 구할 수 있도록 해준다.

자동화로 일자리가 위협받는 상황에서, 노동시간 단축은 정리해고를 피할 수 있는 유용한 전략을 제공한다. 노동조합이 이러한 변화에 대응하며 협상하는 시간은 점점 짧아지고 있다. (80페이지 여섯째 줄을 참고). 마찬가지로, 경기 침체기에 일자리가 위협받을 때 많은 기업이 대규모 정리해고를 피하고자 상황이 회복될 때까지 직원들의 노동 시간을 단축했다. 잠깐 노동시간이 줄어든 것만으로도 사람들은 일과 삶의 균형을 다른 방식으로 경험하게 되고 무엇이 '정상'인지에 대한 그동안의 고정관념을 의심할 수 있게 된다. 또한 노동자들은 잠깐이라고 할지라도 실업자가 되는 대신 계속 일하는 상태로 있을 수 있다. 유급 노동을 유지한다는 것은, 먹고 살 만큼의 소득을 얻기 어려울 만큼 적게 일하거나 적당한 삶을 위해 너무 많이 일해야만 하는 불안정하고도 낮은 임금에 의존하지 않아도 된다는 것을 의미한다. 상대적으로 짧은 실업 기간이라 하더라도 소득뿐만 아니라 업무 능력과 자신감의 상실로 이어질 수 있고 건강과 복지에 관련된 위험도 늘어나게 된다.

우리는 화석 연료에서 재생 에너지로 전환하고 있는 것에서 알 수 있듯 경제가 장기적인 구조 변화에 적응함에 따라 이러한 효과가 지금보다 더 영구적인 발판으로 전환할 것을 기대한다. 영국의 '그린 뉴딜' 같은 프로그램들이 시작되면, 수많은 노동자가 재배치되거나 새로 고용될 것이다. 주4일 노동(혹은 한 달, 일 년 또는 평생에 걸쳐 이와 동등한 수준의 노동)을 고용의 기본 모델로 삼으면 취업 기회는 늘어나고 불평등은 제한될 것이다. 또한 이런 일자리가 상대적으로 안정되게 널리 분포된다면 경제를 안정시키고 노동시장의 불안 요소를 줄이는 데 도움이 될 수 있다. 충분한 소득을 얻어야 한다는 중요한 단서가 있긴 하지만, 만약 더 많은 사람이 그렇게 유급 노동을 하게 된다면 이는 사회보장 혜택을 요구하거나 실업과 관련된 건강의 위험에 노출되는 사람이 더 줄어드는 결과로 이어질 것이다. 또 현재 소득 지원이나 의료 서비스에 사용되고 있는 공적 자금도, 예를 들면 다른 공공 서비스를 개선하거나 지금보다 더 친환경적인 경제를 구축하는 데 사용할 수 있다.

유급노동과 무급노동

유급 시간이 불평등하게 분배되는 것처럼 돌봄, 양육, 요리, 세탁, 청소, 그 밖의 수많은 일상 활동들 속 무급 시간도 마찬가지다. 이런 활동들은 공식적인 경제를 떠받치는 필수적인 토대를 제공하는 '핵심경제'이다.[10]

이 핵심경제는 인적 자산과 인간관계의 재생산을 포함한다. 하지만 무급으로 이루어지는 이러한 핵심경제는 대체로 무가치한 것으로 여겨지고 무상으로 이루어지며 나아가 무시되거나 부당하게 착취당한다. 그러나 사실은 엄청난 가치가 있다. 이것 없이는 공식적인 경제도 전혀 제 기능을 할 수 없다. 건강한 사회냐 아니냐의 문제는 이 핵심경제 속 관계의 질에 따라 전적으로 달라진다. 사회적 관계를 구축하고 잘 보살피는 것은 핵심경제의 주요 기능이며 여기에는 시간이 걸린다. 자주 연락하고, 함께 어떤 일을 하고, 서로 돕고, 단순히 친구나 이웃 혹은 가족으로서 함께 하고 있음을 즐기면서 말이다. 만약 우리 모두에게 이런 관계를 위한 시간이 더 많이 주어진다면, 모든 게 두루두루 더 좋아질 것이다. 아이들은 부모와 더 많은 시간을 보낼 수 있을 것이고, 혼자서는 무언가를 어떻게 해보기 쉽지 않은 노인이나 장애인들도 지금보다 덜 고립되고 대신 친구들, 이웃들, 가족들과 더 많이 어울릴 수 있을 것이다. 이는 지금 이 시각 지나치게 많은 일을 하고 있는 대다수의 사람들에게도 마찬가지다. (우리가 우리 자신을 돌보는 것 또한 중요한 일이고, 이 역시 시간이 걸린다.)

핵심경제는 그것이 운용되는 상황과 조건에 따라 더 풍요로워지고 확산 될 수도 있지만 더 약화되거나 침체될 수도 있다. 공식적인 경제가 직장에서 인간적인 시간을 너무나 많이 소비하게 만드는 것은, 자신이 의존하고 있는 바로 그 핵심경제를 약하게 만들고 깎아내리는 결과로 이어진다.[11] 주당 노동시간을 줄이는 방향으로 나아가는 것은, 사람들이 수익이나 거래와 상관없이 다양한 방식으로 살아 숨 쉬는 활동에 기여할 수 있도록 더 많은 시간을 제공함으로써 핵심경제까 더욱 번창하도록 돕는다.

젠더 관계

그러나 핵심경제에 있어서도 본질적으로 옳다거나 좋은 것은 없다. 핵심경제 역시 경제적 삶을 형성하고 유지하는 것만큼이나 불평등을 재생산하고 반영한다. 가장 분명한 것은, 핵심경제 활동이 대부분 보수 없이 일하는 여성의 몫으로 돌아간다는 점이다. 여성들은 대부분 승진의 기회가 거의 없는 파트타임이나 임시직, 불안정한 직업들을 떠맡는다. 왜냐하면 그녀들의 시간이 대부분 무급 돌봄 책임으로 채워지기 때문이다. 이는 일자리나 재력, 권력 등에서 남성과 여성 사이에 지속적인 불평등 상태를 발생시킨다.

　　　현대 산업사회와 후기산업경제에서 무급노동은 여전히 한쪽 성별에 지나치게 쏠려있고 지속적으로 저평가되고 있다. 또, GDP나 고용률 같은 전통적인 경제 발전 척도에 직접적으로 나타나는 경우도 거의 없다. 무보수로 아이들을 돌보고 가사노동에 종사하는 것이 GDP의 20%에 해당하는 가치를 가진 것으로 평가되지만 이를 공식적으로 평가할 방법은 없다.[12]

　　　전세계적으로, 무급 보육과 가사노동의 75%를 여성들이 책임지고 있다.[13] OECD 국가 전역에서 여성들은 남성보다 평균적으로 거의 두 배나 많은 무급 일을 하고 있다.[14] (15~64세 여성의 경우 하루 4.24시간인데 비해 남성은 2.3시간) 일반적인 유급 노동시간만 보면 남성들이 더 많이 일하지만, 유급과 무급 노동시간을 합해서 보면 여전히 대부분의 국가에서 여성들이 더 많은 시간 노동하고 있다. (덴마크, 네덜란드, 뉴질랜드, 노르웨이는 예외다)[15] 여성들은 남성보다 유급과 무급노동의 복합적인 압박뿐만 아니라 상대적으로 직장에서 자율성과 힘이 없기 때문에 장시간이라는 표현으로 모자랄 정도의 긴 노동으로 부작용을 겪고 고통을 호소할 가능성이 높다.[16]

　　동등한 기회를 위한 수십 년간의 캠페인과 상당한 양의 입법 활동에도 불구하고 젠더 불평등이 고집스럽게 지속되고 있는 것은 현재의 노동시간 구조와 관련 있다. 1960년대 이후 점점 더 많은 여성이 유급 노동 시장에 진출했지만, 그녀들은 동시에 전통적으로 자신들이 책임져온 돌봄 노동도 이전 수준과 같이 떠맡아야 했다. 많은 여성이 저임금, 낮은 지위, 불안정한 일에 종사하게 됐는데 아이들이나 노인 친척을 보살피기 위해 몇 년 동안 일을 포기하거나 아르바이트, 혹은 더 짧은 시간의 일자리에 만족해야 했기 때문이다. 2019년, 영국의 일하는 여성 중 41%가 비정규직(아르바이트나 파트타임)이었는데 상대적으로 남성의 경우는 13%였다.[17] 비정규직으로 일하는 사람들은 일반적으로 모든 자격 수준에서 정규직보다 시간당 급여가 적다.[18]

　　일부 여성은 유급 노동을 하는 남성 배우자로부터 재정적 지원을 받지만, 이는 복합적인 축복이 될 수 있다. 한 연구에 따르면 박탈감의 25%가 가정 내 자원의 불평등한 분배 때문에 생기고 이는 지나치게 여성에게만 영향을 끼친다.[19] 이때의 박탈감에는 돈 이상의 것이 달려 있다. 권력, 정체성, 능력, 관계 같은 것들의 박탈감을 포함한다. 고용시장의 변두리에 갇힌다는 것은,

여성들에게 자신들의 잠재력을 개발하고 더 많은 돈을 벌고 새로운 분야로 진출할 기회를 빼앗겨버린다는 것을 의미한다. 동시에 남성들도 어떤 면에서는 함께 손해를 본다. '가장'이 되면서 남성들은 가족을 둘러싼 중요한 경험으로부터 단절되고 육아와 돌봄에 대한 기량이나 자신감을 얻을 기회를 박탈당한다. 부모 사이에 존재하는 이 성별 불평등은 가정 안에 원망과 갈등을 키울 수 있다. 여성은 물론이고 남성도, 이런 방식의 삶을 먼저 선택하는 것이 아니다. 다만 관습과 기대의 힘으로 그냥 그렇게 살게 되는 것이다.[20]

파트타임이 새로운 풀타임이 된다면 이 모든 것이 바뀔 수 있다. 우리의 제안은 결코 더 나은 '워라밸(일과 삶의 균형)'을 위한 여성들의 더 적은 유급 노동에 관한 것만은 아니다. 우리는 이것을 남성들에게도 원한다. 성별에 따라 다른 오늘날의 시간 사용 패턴을 바꾸기 위해서는 여성뿐 아니라 남성에게도 필수적인 단계이기 때문이다.[21] 일주일에 하루의 여유가 더 생기면 남성들도 돌봄에 대해 배울 기회가 생길 것이다.

물론, 자유시간이 더 생긴 남성들이 자동으로 그 시간을 육아나 집안일에 쓰지는 않을 것이다. 우리의 목표는 '새로운 정상'으로 가기 위해 지금까지 성별에 따라 달랐던 기대와 고정관념을 전환하고 양성에 모두 더 호의적인 조건을 만들어내는 것이다. 남성과 여성이 함께 공유할 수 있고, 성별에 따라 자동으로 유급과 무급노동이 구분되지 않고, 남성들은 더 이상 일주일 내내 가족들로부터 유배되지 않으며, 여성들은 자신들의 시간을 어떻게 사용할지 더 넓고 다양한 선택권을 갖게 되는, 그런 '정상' 말이다. 사람들에게, 특히 남성들에게 일터에서 벗어나 자신만의 여유 시간을 더 갖도록 하는 것만으로 이 '새로운 정상'을 달성하기엔 충분치 않지만 그렇다 하더라도 이것이 꼭 필요한 전제조건은 된다.

육아의 전환

여성들에게만큼이나 남성들에게도, 주당 노동시간 단축은 성별 관계뿐만 아니라 육아 경제의 변화를 가져올 수 있다. 대체로 아이를 돌보는 일은 여성의 몫이다. 집에서 하든 사회적 환경에서 하든, 보육의 질은 대단히 중요하다. 이는 미래 세대의 잠재력과 직결되기 때문에 개별 어린이와 가족은 물론 더 넓게는 사회 전반적으로 아주 큰 가치를 갖는다. 그럼에도 육아가 종종 '여성들의 일'로 여겨지고 무급노동이라는 인식이 지배적이기 때문에, 건설일용직이나 쓰레기 수거와 같이 '남성들의 일'로 여겨지는 일과 비교해도 훨씬 낮은 임금이 주어진다.

영국 신경제재단(NEF)을 비롯한 여러 단체가 보육 관련 노동의 사회적 가치를 반영하기 위해 이들에게 초등학교 교사 수준의 급여와 훈련, 경력 개발 등을 제공해야 한다고 주장해왔다.[22] 이는 비용 상승으로 이어지게 마련인데 특히 이들의 주당 노동시간이 더 짧은 경우 그 비용은 더 많이 증가한다. 가계의 부담을 상쇄하고 덜어줄 방법은 크게 두 가지다. 하나는, 필요하다면 누구에게나 알맞게 제공되는 필수 서비스로서 보육에 더 많은 공공 투자를 하는 방법이다. 그리고 다른 하나는 유급 노동시간을 단축함으로써 부모가 더 많은 시간을 확보할 수 있게 해주는 것이다.

바로 이 두 번째 방법을 더 발전시켜보려고 영국 신경제재단 (NEF)은 주4일 동안 30시간 일하고 각각 일주일 중 다섯 번째 날은 아이를 돌보는 데 시간을 사용하는 두 가족의 두 부모에 대해 그 잠재적인 영향을 계산했다. 부모가 만약 주5일 동안 풀타임으로 일한다면 5일의 공식 육아가 필요했을 테지만 그와 달리 이 시나리오에서는 3일 동안의 공식 육아만 필요했다. 이론적으로는, 이렇게 조율하면 보육 서비스의 수용 능력도 늘어나 더 많은 어린이가 접근할 수도 있게 된다. 동시에 엄마들뿐 아니라 아빠들에게도 육아가 자연스러운 일상의 한 부분이 되도록 만들 것이다.[23] 이 사고 실험의 요점은 이런 변화가 반드시 일어나야 한다고 주장하는 데 있는 게 아니라 다만 노동시간 단축을 통해 공식 육아와 비공식 육아의 관계, 부모와 자녀의 관계, 여성과 남성의 관계 등을 재편할 수 있도록 탐색해볼 가치가 있다는 것이다.

공공서비스의 '공동 프로덕션'

주당 노동시간이 짧아지면 비공식 돌봄을 위한 시간이 더 늘어날 수 있지만, 그렇다고 우리가 공통으로 제공되던 서비스들을 무급 돌봄으로 대체하려는 것은 아니다. 우리는 유급노동과 무급노동이 어느 한쪽을 일방적으로 왜곡하거나 무너뜨리게 하기보다 상호 보완적인 관계가 될 수 있도록 새로운 조율을 원한다.

시간 재분배에 대한 우리의 제안은 공공서비스가 단순히 서비스노동자들에 의해 제공되기만 하는 것이 아니라 그로 인해 혜택을 얻을 사람들과의 파트너십을 통해 함께 설계하고 실행될 수 있도록 변화시키려는 광범위한 노력의 일환이다. 이 서비스를 사용하는 사람들 (그리고 앞으로 이 서비스를 실제로 사용하게 될 누구라도) 은 해당 서비스들이 개별적 요구를 충족시키기 위해 어떻게 하면 더 적절하고 효과적일지 나름의 통찰과 경험을 갖추고 있다. 의사결정에 이들을 참여시키는 것은 서비스의 질을 높이기 위해 필수적이며 또한 이들이 자신들의 일상생활에서 일어나게 될 일들을 더 잘 관리할 수 있도록 해준다.

NEF는 '공동-프로덕션'으로 알려진 공공 서비스의 급진적인 재설계를 개발했다. 여기서 서비스를 사용하는 (혹은 사용할) 사람들은 서비스 제공자와 협력하며 비전문적 지식과 전문적 지식을 결합해 요구를 충족시킬 수 있는 더 나은 방법을 개발하기 위한 동등한 파트너십을 형성한다. 또 유급인력을 넘어선 많은 인적 자원을 동원함으로써 서비스 제공에 활용할 수 있는 자원의 풀을 풍부하게 한다. 이것이 서비스노동자의 역할이 축소됨을 의미하지는 않는다. 비록 서비스노동자들이 다른 사람들과 상호작용하던 방식에 심오한 변화가 요구되지만, '돌봄'의 문화는 이제 동료로서 서로서로 보살피도록 하고 이를 촉진하는 문화로 전환한다.[24]

여기서 중요한 점은, '공동-프로덕션'을 위해서는 시간이 걸린다는 것이다. 일상생활 대부분을 장시간 유급노동으로 보내는 사람들은 이런 파트너십을 맺거나 의사결정과 집단 대화에 참여할 여유 시간이 많지 않을 것이다. 하지만 주당 노동시간이 줄어들면 이런 시간이 마련될 수 있다. 또 그럼으로써 이들이 교육, 보건의료, 주거, 교통 등 다양한 필수 서비스에 관계 맺고 참여할 수 있도록 하는 접근 방식 구축에 도움을 줄 것이며 이는 사람들의 요구에 더 잘 대응하고 공적 자금을 더 효과적으로 사용할 수 있도록 한다.

민주주의를 제어하고 강화하기

노동시간 단축이라는 실질적 경험에서 얻은 중요한 교훈(4장

참고)은, 사용할 수 있는 시간이 많아지는 것보다 시간에 대한 통제력을 키우는 것이 무엇보다 중요하다는 점이다. 사람들은 자신들의 일상에서 어떤 일이 일어날지 스스로 결정할 수 있게 되길 원하고, 돈 문제와 같이 어떻게 해볼 수 없는 문제에 질질 끌려다니게 될 것을 두려워한다. 우리 모두는 외부의 통제와 영향력에서 벗어나 가까운 사람들과 함께 자율적으로 활동할 때 더 기분이 좋아진다.[25]

그러나 자산, 기회, 의무가 고르게 분배되어있지 않기 때문에 어떤 사람들은 다른 이에 비해 시간을 처리하는 방식에서 더 많은 자유를 갖게 된다. 그렇기에 주당 노동시간 단축이 시간은 물론 돈과 권력을 포함한 자원의 보다 평등한 분배를 통해 사람들이 자신의 삶을 더 잘 통제할 수 있도록 하기 위한 보다 광범위한 정책 의제의 일부가 되어야 한다.

진보적인 의제를 구축하고 실현하려면 사회의 모든 수준에서 강력한 민주주의가 필요하다. 유급 노동시간이 줄어들면 사람들에게 공동체 기반 활동에 참여하거나 지역 그룹에 가입하고, 지역과 국가의 정치에 참여할 수 있는 시간이 확보될 수 있다. 민주주의에도 시간이 걸린다. 우선 정책 결정에 영향을 미치려면 동네 도서관에 가거나 다른 사람들과 해당 이슈에 대해 의견을 나누는 등 그에 관한 정보를 얻고 또 숙고해야 한다. 그리고 캠페인에 참여하고, 주민청원에 서명하고, 국회의원과 시의원에게 로비하고, 노조에 가입해 활동하고, 지역 자원봉사활동을 조직하거나 참여하고, 시위에 나서는 등 모든 일에 시간이 필요하다. 그러니 장시간 노동으로 시간에 여유가 없는 사람이라면 이런 일들을 그만두거나 다른 사람에게 맡겨버릴 가능성이 크다. 이는 좀 더 포괄적이고 정보에 입각한 숙의 정치와 관성 및 충동에 의한 조작적이고 하향식의 포퓰리즘 사이에 차이를 만들어낸다. 수동적이고 산만하거나 냉담한 유권자는 우리가 전 세계에 걸쳐 늘어나고 있는 포퓰리즘 정치인들을 통해 확인하고 있는 것처럼 지나치게 단순화된 메시지와 군중심리에 의한 말장난의 손쉬운 먹잇감이 되기 십상이다. 노동시간이 줄어든다고 이런 문제가 저절로 해결되지는 않겠지만, 사람들에게 대화와 의사결정에 참여할 수 있도록 더 많은 시간이 주어지는 것은 민주주의를 보다 짜임새 있고 참여적이며 우리 일상의 경험 속에 뿌리내릴 수 있게 하는 데 도움이 될 수 있다.

환경을 보호하기

장시간의 유급 노동과 고탄소 소비 패턴 사이에는 강력한 상관관계가 있으며[26] 소득 수준을 조절한 후에도 이 관계는 여전하다.[27] 소비 패턴은 소득 수준뿐만 아니라 사람들이 마음대로 사용할 수 있는 시간이 얼마나 되는지에도 영향받는다. 일반적으로 직장에서 더 많은 시간을 보낼수록 우리는 더 많은 돈을 벌게 되는데 이는 많은 이에게 먹고 사는데 필수적인 일이다. 소득이 가장 높은 사람들의 경우, 자신들의 사회적 지위를 드러내기 위한 비필수적 소비가 균형에 맞지 않게 증가한다. 하지만 마찬가지로, 우리 중 누구라도 더 많이 일할수록 우리 자신을 위해 시간을 들여 무언가를 하기보다는 자원 집약적이고 '간편한' 상품과 서비스를 더 많이 선택하게 마련이다.[28] 이런 역학관계는 모두 자연환경에 불필요한 해를 끼칠 수 있다.

'시간-없음(혹은 바쁨)'은 소비를 촉진하는 또 하나의 요인이다.[29] 매주 일하는 시간이 늘어나고 더 많이 바빠질수록,

우리는 삶을 지탱하기 위해 더 많은 '간편' 제품들을 찾게 된다. 우리는 더 많은 포장 식품과 즉석 가공식품을 사고, 일하는 시간을 줄여줄 더 많은 도구를 구입하고, 이동 시간을 아끼기 위해 자동차나 비행기로 이동하며, 작동하지 않는 물건들은 즉각 버리거나 교체한다. 소득 수준 전반에 걸쳐 모든 사람에게 가용 시간이 불편할 정도로 부족할 수 있지만, 고소득자일수록 일상 전반에서 더 빨리, 더 많은 '고속 추월' 활동을 할 가능성이 크고 이런 활동은 사람들이 유급 노동을 하지 않고 더 많은 시간을 갖게 되는 보다 지속가능한 삶의 리듬에 기초한 대안들과 비교해볼 때 일반적으로 플라스틱이나 다른 재활용 불가능 재료들을 포함한 탄소 및 자원 집약적인 제품들을 더 많이 사용하게 만들고 따라서 더 많은 오염을 일으킨다.

높은 소비 수준은 대중의 상상 속에 깊게 뿌리 내린 이상적인 생활양식의 모습을 반영한다. 모두가 그렇게 사는 것은 아니어도 많은 사람이 이를 성공과 연관시키며 열망한다. 이것은 당신이 최선을 다하고 있으며 승진 및 급여 인상과 함께 사다리를 오르고 있다는 표시로 받아들여진다. 성공은 더 많은 돈을 버는 것, 더 많은 것을 사는 것과 연결되어 있다. 더 많은 제품을 사는 것이 성공했다는 신호가 되고, 그래서 더 계속되며 자원 집약적인 제품들의 소비를 증가시킨다.

마음대로 할 수 있는 시간이 너무 적거나 행복으로 가기 위해 소비에 너무 많이 의존하게 되면 환경적으로나 사회적으로 해로운 행동으로 이어지게 된다. 우리를 불행과 불만으로 이끄는 소유, 이미지, 지위, 보상 등에 초점을 맞추고 사는 것은 자기 파괴적인 면이 있다.[30] 그러나 이것들이야말로 현대 자본주의가 의존하고 있는 것들이다. 유명한 사례로, 2001년 조지 부시 미국 대통령은 9.11테러 공격에 대응하면서 미국인들이 비행과 쇼핑을 두려워하지 말고 계속해야 한다고 촉구했고 2006년에는 자신의 최우선 목표가 경제를 계속 성장시키는 것이라고 선언하면서 모든 이에게 '더 많이 쇼핑하기 위해 나가라'고 격려했다.[31]

그러나 기후학자들과 환경경제학자들 사이에서는 국내총생산(GDP)의 증가로 경제의 성공을 가늠하는 '평소와 다름없는 방식'은 계속되기 어렵다는 공감대가 커지고 있다. 총생산량에 대한 협소한 측정보다는 인구 전반에 걸쳐 고르게 분포된 행복이 훨씬 더 중요하다. 이를 결정하는 한 가지 요인이 자산(부와 소득) 불평등이다. 온실가스 배출과 천연자원 고갈을 줄이는 것도 점점 더 시급한 목표가 되고 있는데 특히 부유한 국가들에서 자연환경을 보호하는 것은 그 자체로 인간의 복지와 행복을 위한 근본적인 결정요소이다. 민주주의 국가에서 이는 대중의 지지를 얻고 유지할 수 있는 방식으로 달성되어야 하며 복지를 손상하지 않고 불평등을 심화하지 않는 정책을 요구한다. 가능하면 사회와 환경 모두에 이익을 가져올 수 있는 상호 보완적인 생태사회적 정책들이 개발되어야 한다.[32]

국제적으로 합의된 목표를 충족시키기 위해 배출량을 급격하게 감소할 수 있을 것인가의 여부는 산업의 중대한 변화에 따라 좌우될 것이며 이는 다시 노동 시장에 큰 연쇄 효과를 가져올 것이다. 이는 고용의 손익으로 이어질 텐데 예를 들어 영국의 그린 뉴딜에서 제안한 정책들이 실행될 경우 재생 에너지와 주택 개조 같은 분야에서는 새로운 일자리들이 창출될 것이고,[33] 화석 연료 추출과 같은 다른 분야에서는 일자리가 줄어들 것이다. 표준 노동시간을 주 4일로 줄이거나, 사람들이 동등한 시간 단위로 일할 수 있게 좀 더 유연한 제도를 도입하게 되면 더 많은 사람이 가용한

유급 노동을 공유할 수 있게 될 텐데 이는 자동화로 인한
정리해고를 피하려는 노동조합의 접근을 반영한다.

줄리엣 쇼르 - Juliet Schor, 미국 경제학자이자 사회학 교수 ;
옮긴이 주 - 는 노동시간 및 그 주변 효과에 대한 최고의
전문가이다. 그녀는 단축된 주당 노동시간의 숫자와 신규 고용
기회의 숫자 사이에 어떤 간단한 방정식도 존재하지 않는다는 것을
곧바로 인정한다. 그녀와 동료들은 '노동시간 단축이 임금과
생산성의 변화를 거쳐 노동의 수급에 어떤 영향을 주느냐에 따라
고용효과의 규모도 달라질' 테지만 그럼에도 어느 정도 긍정적인
고용효과는 있을 것으로 본다.[34] 그들은 노동시간 단축이 더 많은
사람의 고용을 유지해줄 뿐만 아니라 '탄소배출을 줄이고 그 밖의
환경적 위협을 감소'하기 위한 핵심적 요소라고 지적한다.[35] 여러
연구를 통해 주당 평균 노동시간과 탄소 배출량 사이에 강한
상관관계가 있음을 확인할 수 있다. 29개 고소득 국가를 연구한
2012년 자료에 따르면, 평균 노동시간이 적은 국가일수록
생태발자국 - 사람이 사는 동안 자연에 남긴 영향을 토지의
면적으로 환산한 수치; 옮긴이 주 - , 탄소발자국, 그리고
이산화탄소 배출량에 있어 모두 더 낮은 경향을 보였다.[36] 보다
최근에, 쇼르와 동료들은 미국 50개 주에 걸쳐 노동시간과
탄소배출 사이의 연관성을 연구했다. 그들은 노동시간 단축이 국가
차원의 탄소배출량 감소와 긍정적인 관련이 있음을 발견했고
'노동시간 단축이 환경에 미치는 사회의 영향을 줄여준다'는 결론에
도달했다.[37] 비록 어느 한쪽이 다른 쪽의 원인이라는 것을 밝히진
않았지만 그럼에도 이 연구는 그 자체로 놀라우며 더 많은 연구와
조사가 필요함을 보증한다. 이 연관성은 주당 노동시간을 줄이기
위한 노력이야말로 유해 배출량을 줄이고 자연자원을 보호하는

방법과 다를 바 없음을 주장할 만큼 충분히 강력하다.

물론, 지속가능성에 기여할 수 있는 다른 요소들도 있는데, 특히 기술 변화와 재생 에너지의 더 많은 사용이 두드러진다. 실제로 지난 10년 동안 노동시간과 유해 배출량의 관계는 변화해왔는데 배출량이 줄어든 반면 평균 노동시간은 증가했다. 그러나 이런 추세가 계속되더라도 긴급한 기후 완화 목표를 달성할 만큼 충분히 또 빠르게 생산이 탈탄소화 될 가능성은 거의 없다. '평소와 다름없는 방식'의 상품과 서비스 공급뿐 아니라 거의 모든 소비 패턴이 분명하게 바뀌어야만 할 것이다.

쇼르와 동료들은 거시적 수준에서의 '규모 효과'와 '구성 효과'를 구분하는데, 여기서 더 짧은 노동시간은 훨씬 더 많은 '시간적 풍요'를 통해 탄소 집약적인 생활방식을 덜 조장하게 된다.[38] 노동시간 단축을 향한 장기적인 전환이라는 규모 효과는 임금 인상률을 낮춤으로써 에너지 집약적인 소비를 줄이는 데 도움이 될 것이다. 비록 노동조합은 당연히 임금 손실 없는 노동시간 단축을 위해 전념하고 있지만, 쇼르가 예상하기로는 연간 임금상승을 줄이는 대가로 노동시간 단축을 선택하는 노동자들 쪽으로 점진적인 전환이 일어날 것이다. 그 점진적이고 누적된 효과로 소득 증가율은 점점 느려지고, 그 결과 소비되는 양도 늦춰질 것이다. 쇼르는 다음과 같이 쓰고 있다.

"여기서 핵심은 총수요를 통제하고 이를 통해 생산량을 통제하는 것이다. 따라서 우리는 노동시간 단축이라는 형태로 증가한 생산성의 더 많은 몫을 차지하는 국가들은 다른 모든 요소가 동일한 경우 생태 및 탄소발자국이 더 낮아질 것으로 기대한다."[39] (물론, 쇼르의 '규모 효과'는 수요의 측면에서 생산과 배출 사이의 지속적인 관계에 따라 달라질 수 있다. 예를 들어 재생 에너지 사용이 늘어나고 순환경제의 중요성이 커지면서 생산공정에서 탄소 집약도가 낮아지면 총수요의 영향도 달라질 수 있다. 그러나 그런 일이 실제로 일어날지, 또 일어난다면 어느 정도일지는 아직 두고 볼 일이다.)

'구성 효과'는 소비 패턴 변화에 관한 것이다. 가용 시간이 늘어나면 우리는 바쁜 일정 때문에 어쩔 수 없이 하던 '간편' 쇼핑을 덜 하게 될 것이다. 우리는 걷고, 자전거나 기차를 타고, 신선한 음식을 준비하고 요리할 수 있는 시간을 갖게 될 것이다. 일상에 필요한 것들을 바꿔대기보다 만들고 수리할 수 있게 될 것이다. 사업장 전체가 노동시간 단축으로 전환하면, 1인당 출퇴근 시간이 줄어들고 사업장의 난방이나 조명을 위한 에너지도 덜 사용하게 된다. 이는 미국 유타주에서 있었던 실험의 한 효과였으며 (4장의 미국 유타주 사례 참고) 이후 다른 연구들을 통해서도 입증되었다.[40]

일단 사람들이 단지 더 많은 돈을 위해서가 아니라 노동을 위한 대가로 더 많은 가용 시간을 경험하기 시작하면, 더 나은 보상을 열망하던 저임금 노동자를 포함해 소득 전 범위에 걸쳐 노동자들에게 영향을 끼치면서 무엇이 성공을 구성하는가에 대한 신호가 바뀐다. 여기에 직접적인 인과관계는 없지만, 더 많은 사람이 관점을 바꾸고 잠시 멈춰서 성찰하고 사물을 이전과는 다른 방식으로 평가할 수 있도록 다이얼을 바꿀 기회는 있다. 좋은 삶을 위해 필요한 것을 충분히 갖는 것은 중요한 일이다. 누구나 그렇게 할 수 있어야 한다. 그러나 소비재를 축적하고 탄소 집약적

활동을 늘리기 위한 수단으로 장시간 노동에 집착하는 것은 완전히 다른 문제다. 가용 시간이 더 많아진 세상은 우리를 정신없는 삶에서 벗어나게 해주고, 유해 배출을 줄여주고 자원 집약적인 소비재를 덜 사게 만들며 삶에서 정말로 중요한 것이 무엇인지 다시 생각해볼 수 있도록 도와줄 것이다. 우리는 돈뿐만 아니라 시간의 소중함을, 또 넘치는 것보다는 충분함에 만족하는 법을 배우게 될 것이다.

우리는 왜 더 적게 일해야 하는가

3 우리 앞의 도전들

주당 노동시간 단축은 몇 가지 도전적인 질문으로 이어지게 된다. 우리는 종종 개인적인 선택에 관한 질문을 받곤 한다. 사람들이 더 오래 일하기를 원하면 어떻게 되는가? 같은 질문이다. 또 어떤 이들은 사람들에게 가용 시간이 더 많이 주어지면 정말로 환경 피해를 줄일 수 있는 건지 의심하기도 한다. 또 어떤 이들은 노동시간이 줄어든다는 건 수입이 줄어드는 걸 의미하고 이는 많은 노동자가 감당할 수 없는 일이라는 이유를 들어 노동시간 단축에 반대하고 어떤 이들은 노동시간 단축이 생산성 저하와 경제적 실패로 이어질 것이라고 주장한다.

노동시간 단축은,
사람들이 선택할 수 없음을 의미하는가?

자본주의의 원칙 아래서는, 개인의 선택을 방해하는 것이 종종 자유시장 경제의 기능을 방해하는 근본적인 반칙으로 여겨진다. 그러나 어떤 선택도 진공상태에서 이루어지는 건 없다. 우리가 '개인적 선택'이라고 하는 것도 사실은 대부분 문화와 규범, 그리고 우리를 둘러싼 사회적 자극에 의해 형성된다. 우리는 이런 결정요인들을 교란하고 여기에 영향을 끼침으로써 누구나 의심하지 않고 당연하게 받아들여 온 주당, 혹은 월간이나 연간 노동시간에 대해 새로운 기준을 세우려 한다. 개인들은 여전히 선택할 수 있지만 이전과는 다른 매개변수의 조합 속에서 선택하게 된다.

우리는 이런 변화가 단편적이고 자발적인 기반 위에서 시작되리란 점을 흔쾌히 인정한다. 이미 그래왔다. 하지만, 오늘날의 아직 개혁되지 않은 경제 구조 속에서 자유선택에만 의존하는 것은 적어도 세 가지 이유에서 우리가 원하는 바가 아니다.

우선 노동시간 단축을, 가사 노동을 책임져야 하는 여성들이 가장 많이 '선택'한다는 점이다. '정상'이라고 받아들이는 노동시간에 대한 우리의 생각처럼, 우리 선택의 대부분은 사회적이고 경제적인 이유로 구성된다. 우리 중 어떤 이들은 다른 사람에 비해 선택에 있어 훨씬 더 자유롭다. 우리가 그동안 보아온 것처럼, 여성들은 전통적으로 돌봄과 그 밖의 가사 노동을 떠맡아왔기 때문에 '파트 타임'이나 간헐적인 일자리를 선택하는 것 외에 다른 선택의 여지가 거의 없었던 반면 고소득자로서 남성들은 더 오랜 시간 일해왔기 때문에 성 불평등의 패턴이 고착화되었다.

둘째로, 노동시간 단축이 단지 선택사항일 뿐인 세상에서는 돈뿐만 아니라 시간도 상대적으로 풍족한 사람들과 그렇지 않은 사람들 사이의 불평등이 심해지면서, 노동시간을 줄일 만한 여유가 있다고 느끼는 더 나은 임금 소득자들이 노동 시간 단축을 더 많이 '선택'할 가능성이 크다. 이 문제에 대응하기 위해, 우리는 저소득층의 임금과 조건을 개선하는 것 또한 필수적임을 주장한다. 그러나 그것만으로는 충분치 않다. 궁극적으로는 남자든 여자든, 임금이 높든 낮든, 모든 사람이 적절하게 일하고 충분한 소득을

얻을 수 있어야 한다. 또 새로운 표준으로서 주4일 (혹은 연간
시간으로 이에 상응하는)에 가까운 노동시간을 모두가 동등한
조건에서 얻을 수 있어야 한다.

셋째, 경쟁적인 상황에서 사람들은 자신들의 일자리가 종종
유급 시간 외에 더 많이 일함으로써 헌신하고 있음을 보여주는
것에 따라 좌우된다고 느낀다. 이런 경우에는 일에 대한
열정(선택처럼)은 자발적이라기보다 강요된 것에 가깝고 자유의
문제라기보다는 야망이나 필수적인 차원의 문제가 된다.

노동시간 단축이 지금의 경제 시스템 속에서
선택사항으로만 남게 되면, 이런 양상은 더욱 심각해질 것이다.
따라서 우리에게 필요한 것은, 모두를 위한 노동시간의 법정
한도를 설정하는 것과 더 적은 시간 일할 수 있도록 개별적으로
맞춤형 방법을 마련해주는 것 사이의 신중한 균형이다. 전체적으로
평균 노동시간을 줄인다는 전략 안에서는, 노동시간 할당 방식에
대해 충분한 유연성이 확보될 수 있다. 그러나 무엇보다 노동자
스스로가 자신의 필요에 맞게 노동시간을 조정할 수 있는 충분한
힘을 가질 수 있어야만 한다.

여가가 더 지속가능한가?

앞서 언급한 것처럼, 노동시간 단축의 이유 중 하나는 사람들이
지속 가능한 삶을 더 쉽게 살 수 있도록 하기 위함이다. 예를 들어,
노동시간 단축은 저탄소 활동인 돌봄을 위한 시간을 확보해준다.
더 많은 자유시간이 주어지면 사람들은 '간편한' 쇼핑과
에너지 집약적인 여행을 줄이고 대신 자원을 낭비하지 않는
활동을 더 많이 하게 될 것이다.

하지만, 우리 중 얼마나 많은 사람이 여가를 지속가능한 방식으로 사용하고 있는가? 이와 관련해서는 상대적으로 지속 가능하지 않은 방식의 소비 패턴을 가진 고소득층 사이에서 강한 연관성을 보여준다. 부유한 사람들은 3일의 주말을 스키를 타거나 도심 여행을 즐기기 위해 사용할 가능성이 더 크다. 시골을 산책하는 것은 의심의 여지 없이 지속가능한 방식으로 시간을 보내는 일이지만, 그러기 위해 파타고니아나 포르투갈로 날아간다면 그렇지 않다.

조류 관찰 같은 취미도 있다. 멀리 바라볼 능력만 있다면 뒷마당이나 동네 공원에서 탄소를 전혀 쓰지 않고도 바로 시작할 수 있다. 그다음, 당신은 쌍안경과 카메라를 살 수도 있다. 상대적으로 무해하지만 그럼에도 이런 물건의 제조에는 에너지와 자원이 필요하다. 이제 당신은 곧 삼각대, 줌 렌즈, 전천후 의류, 고급 텐트를 사고 싶어 하게 되고, 그동안 자연보호구역으로 이동하기 위해 기차를 타고 다녔는데 이제는 더 멀고 남들이 부러워할 만한 조류 관찰 장소로 가기 위해 SUV 차량에 투자하고 싶은 충동을 느끼게 될지 모른다. 한 번 진지한 탐조가[1]가 되고 나면 이제 1년에 수천 마일을 운전거나 심지어는 희귀한 새들이 떠나기 전에 발견하고 싶어서 이국적인 장소를 찾아 비행기에 올라탈지도 모른다. 이렇게 단순한 자연 애호가는 막대한 '생태 발자국'을 남기는 탐욕스러운 쾌락 추구자로 변해간다. 영국 왕립조류보호협회(RSPB)의 니콜라스 밀턴(Nicholas Milton)이 경고한 것처럼, "만약 RSPB의 백만 명이 넘는 회원 중 대부분이 지금처럼 정원에서 새를 바라보는 관찰자이기를 포기하고 대신 지금보다 훨씬 진지한 탐조가가 되어버린다면 그것은 기후 대재앙을 초래할 것이다."[2]

여가를 어떻게 보내느냐는 우리의 소비습관, 우리가 관심사와 우선순위를 개발하는 방법, 우리가 알고 있는 것, 친구가 누구인지, 우리에게 주어진 기회가 어떤 것이고 쓸 수 있는 돈은 얼마나 있는지 등에 관한 일반적인 규범에 따라 달라진다. 모든 것을 감안할 때, 노동시간 단축은 보상의 문화적 초점을 소득에서 시간으로 바꿔주고 '간편함'과 연결되어있던 소비습관이 변화하도록 도와줌으로써 중장기적으로 환경에 부정적인 영향보다 긍정적인 영향을 미칠 가능성이 더 크다. 그러나 이는 환경 파괴적 행동을 억제하고 지속 가능한 삶을 촉진하는 다른 정책들과 함께 진행되어야만 한다.

급여는 어떤가?

오늘날의 장시간 노동 문화는 주5일이나 그 이상 일해야만 생존이 가능한 수준으로 유지되는 국가 최저임금 같은 급여율에 의해 강화되어왔다. 2020년 10월 이후, 영국의 최저임금은 25세 이상 성인을 기준으로 시간당 8.72파운드(2021년 기준 환율로 약 13,590원)였다. 1년 52주 동안 매주 30시간씩 이 기준으로 일하면 연간 약 13,600파운드(약 2,120만 원)를 벌게 된다. 전국 평균 소득에 도달하기 위해서는 연중 딱 2주만 쉬고 매주 67시간 혹은 그 이상 일해야만 한다.[3] 많은 노동자에게 노동시간 단축에 관한 가장 큰 걱정은 당연히 소득 손실이다.

가장 큰 문제는 낮은 시급이다. 누구라도 생계를 유지하기 위해 이미 수많은 문서를 통해 확인된 건강과 복지의 위험을 무릅쓰면서까지 지나친 장시간 노동을 해서는 안 된다. 노동시간 단축으로의 전환에는 모든 사람이 실질적 수준의 생활임금을 받을 자격이 있음을 명확히 하는 조치가 수반되어야 하고 이는 노동시간 단축에 충분한 수준으로의 전환이어야 한다. (이에 대해서는 5장에서 다시 설명)

동시에 우리는 모두가 자신의 지불 능력이 아니라 자신의 필요에 따라 활용할 수 있도록, 더 많고 더 좋은 공공 서비스 형태인 '사회적 임금'을 더 향상시키고 확실히 보장하도록 만드는 걸 목표로 삼아야 한다.[4] 사회적 임금은 재분배 효과가 있고 소득을 보완해준다.[5]

그러므로 노동시간 단축이 사람들을 빈곤에 빠뜨릴 것이라는 전망은 더 높은 시급과 더 나은 공공 서비스를 위해 싸울 만한 좋은 이유가 되고, 주당 노동시간 단축에 반대하려는 섣부르고 동떨어진 주장에 지나지 않는다. 그러나 가난과는 거리가 멀다 하더라도, 그럼에도 노동시간 단축으로 수입이 줄어들까 염려하는 이들은 어떨까?

문제는, 우리가 어떻게 주당 노동시간 단축으로 전환하는가에 달려 있다. 우선 우리는 급여가 보장된 상태에서 사용할 수 있는 서로 다른 법적 권리들의 조합을, 모두의 휴무를 위해 조금씩 점진적으로 늘려갈 것을 제안한다. 예를 들면 육아휴직 연장, 돌봄 휴가를 위한 새로운 권리, 법정 연차 연장, 법정 공휴일 1일 추가, 임금피크제와 같은 유연한 은퇴제도, 노동시간 단축 협상권 등이다. 최저임금의 대폭적 인상과 함께 이는 노동자뿐만 아니라 고용주에게도 임금 손실 없이 노동시간을 단축하는 경험을 쌓게 하고 새로운 '정상'으로 이동하는 과정에서 경제가 적응할 수 있게 하면서 신뢰를 구축할 것이다.

전환의 일환으로, 규제 조치와 함께 각 산업별 혹은 기업별 수준에서 점진적 변화가 협상 될 수도 있다. 예를 들어 줄리엣 쇼르가 제안한 것처럼[6] 매년 임금 검토와 협상이 이루어지는 조직에서라면 노동자들은 매년 임금 상승률을 조금 낮춤으로써 더 많은 휴무를 얻어낼 수 있다. 누구라도 조금 덜 인상된 급여를 받으면 직장과 떨어져서 보낼 수 있는 시간을 추가로 얻을 수 있다. 해마다 노동자들은 그들의 주당 노동시간을 꾸준히 줄일 것이며 아무도 즉각적인 임금 삭감을 경험하지는 않을 것이다.

이런 접근 방식이 어디에서나 통하지는 않을 것이다. (더 큰 조직과 이미 좋은 수입을 얻고 있는 노동자들에게 더 적합하다) 그러나 더 많은 곳에서 이런 방식이 채택되면 될수록 노동시간 단축의 경험이 쌓이고, 일의 보상이 어떠해야 하는지 또 '성공'이 과연 무엇을 의미하는지와 무엇이 풍요로운 삶을 구성하는지 등에 관한 우리 사회의 만연한 태도를 바꾸는 데 더 큰 도움이 될 것이다.

주당 노동시간 단축은 경제에 해로운가?

노동시간 단축이 생산량 감소의 위협이 되며, 따라서 경제 번영을 추구하려는 노력과는 근본적으로 함께할 수 없다는 주장이 종종 제기된다. 어떤 경우라도 노동시간을 지금보다 더 단축하려면 그보다 먼저 생산성이 비약적으로 증가해야 한다는 주장이다.

로버트 스키델스키 - Robert Skidelsky, 1939년생 영국의 경제사학자. 케인스 전기의 저자로 유명하다; 옮긴이 주 - 는 노동시간과 생산성 사이의 역동적인 관계에 대해 다음과 같이 지적한다. "노동시간 단축은 높은 생산성 증가와 연관된다. 높은 생산성 증가는 투자율을 높이고 실질 임금 상승으로 이어진다. 그리고 실질 임금 상승은 노동시간 단축과 연관된다." 우리가 지켜봐 온 것처럼, 산업화된 국가들의 주당 노동시간은 지난 150년 동안 거의 절반으로 줄어들었다. 주목할 만한 변화들에도 불구하고, 이 노동시간 단축의 흐름은 1980년대까지 계속되다가 멈췄다.[7] 보다 최근에는, 많은 산업화된 국가들에서 생산성 증가는 제자리걸음인 반면 임금은 인플레이션과 맞물리며 아주 조금씩 겨우 오르는 중이다. 이런 이유로 (일부에서는) 이미 생산성이 떨어지고 있기 때문에 노동시간 단축이 불가능하다고 주장하고, 한편에서는 결과에 부정적인 영향을 줄 가능성이 크기 때문에 바람직하지 않다는 말도 나온다. 우리는 이 양날의 도전 앞에서 어떻게 대응해야 할까?

자동화가 우리를 구해줄까?

한 가지 견해는, 생산성을 끌어올리는 동시에 인간 노동력에 대한 수요는 감소시킬 로봇공학, 통신, 인공지능 등의 발전과 함께 우리가 새로운 '산업 혁명'의 진통 속에 있다는 것이다.[8] 그런 이유로, 노동시간 단축에 유리한 새로운 조건이 만들어질 것이다. 게다가 신기술은 화석연료에 덜 의존적이고 이전의 기술들보다 더 깨끗하고 친환경적이기 때문에 우리에게 요구되는 천연자원 고갈이나 온실가스 증가 - 초창기 생산성 성장의 명백히 치명적 결과랄 수 있는 - 에 대한 걱정을 덜 수 있다.[9] 이런 경향을 낙관적으로 보는 이들은 에너지와 자원 사용의 측면에서 '무중력' 기술에 대한 투자를 예상하면서 결과적으로 조직이 노동시간을 단축함으로써 생태발자국을 줄이면서도 왕성한 생산력에 기여하는 만족스럽고 보상이 좋은 노동력을 창출하게 될 것으로 예상한다.

듣기에는 좋은 소리지만, 실제 생활에서 상황은 훨씬

복잡하다. 앞서 언급한 것처럼, 자동화는 아마도 불평등을 심화하는 양극화 효과와 함께 경제의 서로 다른 분야에 불균등하게 영향을 미칠 것이다. 어떤 경우라도, 자동화가 생산성 향상을 촉진하든 아니든 상관없이, 생산력의 향상만으로 노동자의 임금상승이나 소득과 부의 불평등 감소, 혹은 더 지속가능한 경제를 보장하지는 못할 것이다. 중요한 것은 권력이 어디에 있고, 얼마나 알맞게 사용되는가이다. 20세기에 노동시간 단축이 가능했던 핵심 요인은 생산성 향상의 결과물을 노동자들도 함께 누릴 수 있게 해준 단체교섭이었다. 노동조합의 힘은 1980년대 이후로 급격히 감소했고 최근에는 디지털 플랫폼의 증가로 노동자들을 효과적으로 조직하기가 더욱 어려워졌다.

더 깨끗하고 더 친환경적인 기술만으로 지구의 미래를 위협하는 지구위험한계선(PB)이 무너지는 것을 막을 수 있으리란 보장은 없다. 새로운 기술이 생산량을 늘리면 기업에는 더 높은 이윤을, 주주에게는 더 큰 배당을, 그리고 때로는 노동자들에게도 더 나은 급여가 돌아갈 수 있을 것이다. 하지만 소비의 본질이 바뀌지 않고, 보상은 늘 더 많은 개인 소득의 형태로 제공되어야 한다는 기대가 지배적인 상황에서는 어떤 기술적 돌파구도 경제를 생태적으로 지속가능하게 만들기 어렵다. 만약 기후 위기를 극복할 기술적 해결책을 겨우 마련한다고 하더라도, 우리는 여전히 그 과정에서 생물다양성과 같은 다른 지구위험한계선(PB)을 넘어설 위험이 높다.

신기술에 열광하는 기술 낙관론자들이 바라보는 미래는 경제의 작은 부분에만 영향을 미치면서 단지 일부 조직과 일부 노동자 집단, 그리고 일부 분야에서만 실현될 수 있을 것이다. 경제 전반을 변화시키기 위해 그 규모를 키울 수 있으리라고 상상하는 것은 소용없는 일이다. 기술 변화와 나란히 함께 요구되는 것은 소비 패턴을 변화시키고 경제 활동의 의미와 목적을 재구성하기 위한 재생 에너지와 순환 자원 사용으로의 거대한 전환이다.

시간당 생산성 증가가 손실된 시간을 보상해줄 수 있을까?

노동시간 단축이 사업에 해롭다는 주장에는 보통 생산량이 줄어들 것이라는 전제가 깔려있다. 반면, 더 적게 일하는 노동자들이 시간당 생산성은 더 높아진다는 주장도 있다. 하루 8시간 이상 일하는 사람들이 교대시간이 끝날 때쯤 지치고 실적도 떨어지는 것은 흔한 일이다. 더 많은 시간 일할수록, 스트레스와 불안의 위험은 커지고 그러면서 생산성 또한 떨어질 수 있다. 일반적으로 노동자와 직장도 우선순위를 정하는 경향이 있다. 이는 사람들의 노동시간이 짧아질수록 덜 중요한 일들을 먼저 희생시키고, 덜 생산적인 경향을 보였음을 의미한다. 동시에, 노동시간 단축은 노동자들이 더 나은 건강을 유지하고, 결근을 덜 하게 만들고, 더 주의하게 만들며, 일에 집중하고, 심지어 고용주를 위해 더욱 헌신적으로 만들어준다. 그리고 이 모든 것은 시간당 생산성을 높임으로써 생산량을 높이는 데 도움이 될 수 있다. 이는 1932년 미국 자동차 공장에서부터 2018년 뉴질랜드 금융 서비스(4장의 뉴질랜드 사례 참고)에 이르기까지 수많은 다른 고용주들뿐만 아니라, 예테보리의 도요타 서비스 센터(2장 앞부분에서 소개한 바 있는)의 경험을 통해 입증된 바 있다. 2019년 영국의 한 조사에 따르면, 74%의 노동자가 4일 안에 일주일 치의 일을 끝낼 수 있다고 말했다.[10] 그리고 주목한 바와 같이, 평균 노동시간이 낮은 국가들이 GDP 수준은 더 높은 경향을 보인다.

그러나 이것이 경제의 모든 분야에서 효과가 있는 것은

아니다. 팀 잭슨 - Tim Jackson, 1957년생. 영국의 생태경제학자
; 옮긴이 주 - 은 생산성에 대한 통념에 도전하기 위해 '돌봄, 공예,
문화 care, craft and culture'라는 세 가지 종류의 작업을 식별한다.
여기서는 시간당 작업한 결과물의 양이나 속도보다는 인간관계,
창의성, 아낌없는 시간 낭비 같은 것이 작업의 질을 결정한다.
잭슨의 관찰에 따르면, 다른 사람을 위한 한 인간의 보살핌과
관심은 비축될 수 없고 기계로 전달할 수도 없다. 신기술은 도울
수도 있고 또 실제로 돕고는 있지만, 돌보는 사람의 시간을
'궁극적으로 대체할 수는 없다.' 마찬가지로 '공예품에 영속적인
가치를 부여하는 것은 그만의 고유한 정확성과 세밀함'이지, 일정
기간 얼마나 많이 생산되었는가가 아니다. 잭슨은 또한 문화적인
노력이 '일반적으로 노동 생산성의 논리에 적대적인 경향이 있는데
왜냐하면 그 핵심 요소가 예술가의 시간과 기술이기 때문'이라고
말한다.[11] 요약하면, 노동자가 시간을 적게 들이기보다 오히려
많이 들일수록 생산물의 가치가 커지는 직업도 있다는 것이다.
작업시간당 산출량은 이런 업무와는 상관없거나 측정할 수
없거나 혹은 둘 다이다.

　　모든 분야에 걸쳐, 어떤 기업들은 노동시간 단축으로
어려움을 겪게 되거나 심한 경우 폐업할 수도 있다. 그러나 휴무를
늘리는 정책의 초기 개입 과정에서 최대한 임금을 유지할 수만
있다면 경제 전반의 지출 역시 버틸 수 있을 것이다. 단기적으로
총수요를 방어해내면 다른 기업들이 채용을 늘릴 수 있게 되어,
그렇게 하지 않았을 경우 사회적이고 환경적인 목표를 향한 진보를
위태롭게 할 수도 있었을 즉각적인 경제적 충격을 피할 수 있게
된다.

　　우리는 결과에 상관없이 무조건 노동시간을 단축하자는 게

아니다. 복지를 개선하고 불평등을 줄이고 자연환경을 보호하기
위해 그렇게 하자는 것이다. 생산성 향상이 일부 분야에서는
노동시간 손실을 보상할 수 있을 테지만 다른 분야에서는 그렇지
않을 것이다. 설령 그런 분야라 할지라도 여전히 생산과 소비의
본질을 생태적 지속가능성과 연동시켜야 할 과제가 남아있다.

'24/7 경제'는 어떤가?

　노동시간 단축은 오늘날 경제의 점점 더 지배적인 현상으로
자리 잡은 이른바, '24/7 노동 체제 - 24시간 연중무휴 경제;
옮긴이 주 - '에 대한 수요에 얼마나 큰 위협을 제기할까?
의료서비스 분야가 확실히 보여주지만, 그밖에도 업무 목적에
필수적이거나 투자를 위해 필요하거나 고객이 당연히 기대하게
되어 장시간 노동이나 24시간 교대근무를 하는 방대한 서비스 및
제조 분야가 존재한다. 심지어 어떤 분야에서는 큰 추가 비용
없이도 교대시간 단축과 더 높은 시간당 생산성으로 '항상
가동되어야 하는' 상황을 충족시켜야만 한다. 의료와 같은 다른
분야에서라면, 추가로 사람을 더 뽑아야 했을 것이고 고용주는 더
많은 비용을 부담해야 했을 것이다. 이는 병가와 무단결근의 감소,
더 건강하고 헌신적인 노동력, 그리고 아마도 더 좋아질 작업
품질과 같은 측면에서 이득일 것이다. 또한 우리가 앞서 언급한
그 모든 위험에 의해 직업을 잃게 되는 사람도 줄어들 것이다.
그리고 이러한 이득의 전부는 아니라도 일부는 고용주에게 돌아갈
것이다. 공공의 이익이 달린 의료 같은 분야에서는, 적절하게
조치하고 조정해야 할 정부의 역할이 남아있다. '24/7 경제'의
일부는 장기적인 측면에서 생태적으로 지속가능하지 않다고
평가될 것이다.

경제의 목적을 다시 생각하기

'노동시간 단축이 경제에 해로운가?'라는 질문에 대한 대답은
'나쁨'이 무엇을 의미하는지에 따라 달라질 수 있다. 우리는 경제적
성공을 평가하는 방식을 바꾸어야만 한다.

국민총생산(GDP)이라는 왜소한 지표는 경제가 사회와
자연환경에 미치는 영향이라는 측면에서 얼마나 성과를 내고
있는지에 대해 거의 말해주는 바가 없다. 그것은 금전적 가치를
위해 생산되고 판매되는 모든 상품과 서비스의 시장 가치를
보여주는 척도에 지나지 않는다. 약간의 경제 활동에 대해
알려주긴 하지만 그 근원에 대해서는 아무것도 알려주지 않는다.
예를 들어, 수압파쇄법을 써서 얻은 것인지 그린에너지 기술에
투자함으로써 얻은 것인지, 혹은 도박 같은 활동으로부터 비롯된
것인지 사회적 복지를 위한 것인지 등에 대해 알 수 없다. 심지어
GDP를 발명한 사이먼 쿠즈네츠 - Simon Kuznets, 1918년생
러시아계 미국인 경제학자. 1971년 노벨 경제학상 수상;
옮긴이 주 - 조차 이런 점을 우려했다. 그는 "성장의 양과 질,
성장의 비용과 수익, 성장의 장단기적 구분을 염두에 두어야
한다"고 강조했고, "더 많은 성장을 위한 목표는 그것이 무엇의 더
많은 성장인지, 또 무엇을 위한 더 많은 성장인지를 구체적으로
명시해야 한다"고 충고했다.[12]

다시 말해서 경제에 있어서 무엇이 좋고 나쁜지의 문제는
고정된 과학적 사실이 아니라 시간이 지남에 따라 진화하는
판단의 문제이다. 팀 잭슨은 "경제의 임무는 번영을 추구하고
그것을 가능케 하는 것"이라고 주장한다. 그러나 번영이란 물질적
부(富)와 동의어가 아니며 물질적 생계를 훌쩍 넘어서는 것이다.

그것은 육체적으로나 정신적으로, 또 사회적으로 우리 자신을 풍요롭게 하고 '사회적 삶에 의미 있게 참여할 수 있는' 능력에 관한 것이다.[13]

미국의 다양한 연구들은, '지난 40년에 걸쳐 더 부유해 졌지만, 주관적 행복은 조금도 증가하지 않았음'을 보여주면서,[14] 오늘날 젊은 미국인들이 상당한 부유함 속에서 자랐음에도 불구하고 그들의 조부모보다 행복감은 약간 더 적고 우울증과 다양한 사회병리학적 위험은 훨씬 더 많이 가지고 있음을 알려준다.

NEF는 자율성이나 목표 같은 요소만큼이나 사람들이 자신의 삶 전반에 얼마나 만족하고 있는지 등을 포함한 미묘한 개념으로서의 행복 측정 사례를 개발했다.[15] 이는 행복, 기대수명, 불평등, 그리고 생태 발자국 등의 척도를 종합해 '서로 다른 나라의 주민들이 더 오래 행복한 삶을 영위하기 위해 얼마나 효율적으로 환경자원을 활용하고 있는지'를 초보적으로나마 비교할 수 있는 '해피 플래닛 지수 (행복행성지수)'를 개척했다.[16]

OECD는 현재 연간 기준으로 행복을 측정하고 있는 데 반해,[17] GDP로만 측정되는 경제적 '성장'이라는 목표는 여전히 대부분의 정부와 주류 기관들에 의해 무비판적으로 홍보되고 있다. 케이트 레이워스 - Kate Raworth, 1951년생 영국 경제학자; 옮긴이 주 - 는 자신의 책 〈도넛 경제학〉 - 홍기빈 역, 2018, 학고재; 옮긴이 주 - 에서 이에 대해 문제를 제기한다. 그녀는 식량, 교육, 주거와 같은 삶의 필수적 요소의 부족으로 인한 내적 한계와 기후 변화, 자원 고갈, 생물 다양성 손실, 오염 등을 포함해 지구의 한계를 넘어서는 외적 한계 사이에서 '생태적으로 안전하고 인류를 위해 사회적으로 정의로운 공간'을 재봐야 한다고 주장한다. 그녀는 경제에 이로운 것은, '끝없는 GDP 성장'이 아니라 이러한 사회적, 생태학적 경계 안에서 '균형을 이루어내는 것'이라고 말한다.[18]

주당 노동시간 단축을 위한 우리의 주장은, 그것이 생태적 한계 내에서 인간의 번영과 사회적 참여에 도움이 된다는 증거에 기초한다. '균형을 이루어내는 것'이라는 목표는 GDP로는 가늠할 수 없다. 더 많은 생산성을 위한 노력은, 그것이 더 공정하고 지속 가능한 결과와 함께 번영으로 이어질 때라야만 가치 있는 목표이다.

이 모든 것을 고려해볼 때, 우리는 주당 노동시간 단축을 향한 새로운 계기를 예상해볼 수 있다. 단순한 기술적 묘기가 아니라 일과 시간의 재분배에 관한 문제다. 끝없는 소비와 축적이 아니라 인간의 번영을 위한 새로운 탐색이다. 소모적이고 황폐하게 만드는 장시간 노동의 자리에 이제 행복과 사회정의, 그리고 지속 가능한 미래에 도움이 되는 조건 속에서 더 많은 사람을 위한 더 많은 일자리가 생긴다.

4 실제 사례로부터 배우기

우리는 노동시간을 단축하기 위해 시도된 수많은 탁월한 실천적 사례들로부터 영감을 얻었다. 이런 사례들은 지난 2세기에 걸쳐 다양한 형식과 규모로 나타났다. 여기에는 정부가 정한 전국적 차원의 원칙 및 개인이 선택 가능한 규정에서부터 노동조합에 의한 부문별 협약 및 회사 차원의 임시 협의에 이르기까지 다양한 전략이 포함되어있다. 우리는 이미 1933년에 루스벨트가 미국의 고용주들에게 주당 35시간 노동으로 전환할 것을 설득했던 사례나 2002년 스웨덴 예테보리에서 도요타가 6시간 근무제를 도입했던 사실 등에 주목한 바 있다. 이제부터 우리는 여러 종류의 다른 접근법을 보여주는 일련의 다양한 시도를 좀 더 자세히 살펴보려 한다. 역사, 문화, 그리고 정치가 유급 시간 할당에 대한 '정상'의 기준을 만들어내는 데 중요한 역할을 하기 때문에, 어떤 조건에서 효과가 있는 것이 다른 조건에서는 그렇지 않을 수도 있다. 어떤 경우가 되었든, 이 장의 마지막에서 우리는 함께 생각해볼 만한 유용한 교훈들과 만나게 될 것이다.

우선 중앙 및 지방정부의 개입부터 살펴본 다음 노동조합의 협상, 개별 기업들의 선제적 시도, 그리고 전국 연합 캠페인을 검토해볼 참이다.

국가 주도 개입

경제위기가 닥칠 때면, 때로 정부는 노동시간 단축을 시도한다. 대공황 시기에 루스벨트가 그렇게 했다. 1974년 영국에서는 급격한 유가 상승과 함께 탄광 노동자들의 파업이 임박하자 에드워드 히스(Edward Heath, 1916년생으로 영국 보수당의 당수이자 총리를 지냈다)의 보수당 정부가 연료공급을 유지하기 위해 1월부터 3월까지 주3일 노동을 도입했다. 프랑스 정부가 1998년에 노동시간을 단축했을 때도, 심각한 실업 문제에 직면해 있을 때였다. 좀 더 최근의 사례를 들면, 2020년 코로나19 위기가 닥치면서 정부가 경제를 다시 활성화하고 사람들이 일터로 돌아갈 수 있도록 노력함에 따라 더 짧고 유연한 노동시간이 새롭게 주목받았다. 그러나 우리가 곧 살펴볼 것처럼, 노동시간 단축이 항상 위기관리의 문제와만 결부되었던 것은 아니다. 여기에 제시된 정부의 개입에는 프랑스 정부의 노동시간 단축 도입을 위한 입법, 특정 노동 집단의 노동시간 단축을 위한 미국 및 스웨덴의 지방정부가 했던 시도들, 그리고 개인이 노동시간 단축을 선택할 수 있도록 한 네덜란드와 벨기에의 정부 조치 등을 포함한다.

프랑스의 35주 근무

1998년과 2001년 사이, 프랑스 정부는 표준 노동시간을 39시간에서 35시간으로 단축하는 획기적인 법안을 통과시켰다.

그러면서 프랑스는 노동인구 전반에 걸친 노동시간 단축을 위해 입법을 주요 수단으로 활용한 유일한 나라가 되었고 이는 지금도 마찬가지다.

이러한 움직임은 정치 활동과 가족 및 개인의 발전을 위해 필요한 여유를 마련하는 데 노동시간 단축이 얼마나 큰 도움이 되는지에 대한 수년간의 논쟁에 뒤따른 것이었다.[1] 그러나 궁극적으로 정부가 조치를 취하지 않을 수 없도록 만든 것은, 12.5%에 달하는 실업률이었다. 사회당 총리 리오넬 조스팽 (Lionel Jospin)은 녹색당 및 공산당과의 연정을 통해 노동시간 단축이 더 많은 일자리를 만들어냄으로써 실업률을 낮추는 데 어느 정도 도움이 될 것으로 보았다.

이는 노동시간 단축뿐만 아니라 프랑스의 노동법을 재구성하고 직정교섭 확대를 촉발하는 복합적이고 야심 찬 정책이었고 이러한 변화들은 '아마도 평균 노동시간 이상으로 일자리 창출, 생산성, 노사관계 및 노동조건' 등에 영향을 준 것으로 알려진다.[2]

당시 복지부 장관이었던 마르틴 오브리 - Martine Aubry, 1950년생으로 프랑스 사회당 당수였으며 현재 릴 시장; 옮긴이 주 - 의 이름을 따서 '오브리 1', '오브리 2'로 각각 명명된 이 두 법안은 노동조합과 기업이 지역 수준에서 주당 35시간 노동이라는 목표를 달성하기 위해 협상하도록 적극적으로 권장하면서 법정 노동시간 단축을 이루어냈다. 기업들은 2년의 기한 안에 노동시간을 단축하고 새로운 일자리를 창출할 수 있도록 재정적 지원을 받았다. 또 세금 기여도(특히 낮은 임금에 대한)를 줄여주고 18개월 동안 임금을 동결하는 정책도 병행되었다.[3]

이런 조치들은 노동시간의 유연성을 높임으로써 회사의 성과를 개선할 수 있는 방안으로 제시되었다. 공공 부문은 두 가지 법안 모두에서 면제되었지만, 정부 기관들은 직원 대다수에게 35시간 제한을 적용했다.[4]

1998년까지 주 35시간 노동은 2백만 명의 노동자를 고용한 3만 개 이상의 회사에서 채택되었고,[5] 노동시간 단축보다는 급여세 감소와 새로운 급성장의 시대로 이어지던 경제 흐름의 전환에 기인한 것이긴 하지만 약 35만 개의 일자리가 새로 만들어졌다. 주 35시간 노동에 대한 반대는 주로 보수 정치인과 고용주들 사이에서 강력했다. 이에 대한 부분적 대응으로 2000년에 통과된 두 번째 오드리 법안은 연간 1,600시간이라는 새로운 법적 규범을 제정해 기업들이 노동자들로서는 거의 또는 전혀 통제할 수 없는 유연한 일정을 강요할 수 있도록 했다.

2002년 총선에서 사회주의 연립정부가 중도 우파에게 패하자, 차기 대통령이었던 니콜라 사르코지(Nicolas Sarkozy, 1955년생이며 2007~2012년 프랑스 대통령)는 '더 잘 살기 위해 더 적게 일하라'는 사회주의자들의 주문을 '더 많이 벌기 위해 더 많이 일하라'로 대체하면서 의무적인 노동시간 단축을 끝내겠다고 맹세했다. 이때부터 오드리 법안은 다양한 측면에서 무너지기 시작했다. 실제로 노동시간이 얼마나 단축되었는지에 대해서는 평가가 엇갈린다. 〈표-2〉는 프랑스의 평균 노동시간이 2000년대로 접어들며 상당히 줄어들어, 영국과는 비슷하지만, 미국이나 OECD 평균보다는 훨씬 낮다는 것을 보여준다.

법안이 적용되는 방식은 지역 차원의 협상이나 복합적인 면책으로 인해 기업별, 지역별, 부문별로 다양했다. 시간이 지나고 새로운 법이 오드리 법안을 무너뜨리면서 시간의 불평등한

〈표-2〉 1990~2018년 사이 OECD 평균과 선별된 국가의 노동자 1인당 연간 평균 실질 노동시간.
출처: OECD통계 https://stats.oecd.org/Index.aspx?DataSetCode=AVE_HRS

분배는 더욱 분명해졌다. 1997년부터 2008년까지 사무직과 생산직 노동자들의 경우 주당 약 2시간 정도의 순감소가 일어났지만, '같은 시기에 고숙련 노동자들에게는 눈에 띄는 감소 효과가 없었음'이 밝혀졌다.[6] 전반적으로 남성들이 여성들보다 훨씬 크게 시간 단축을 경험했는데 이는 많은 여성이 프랑스의 '고도로 발달한 공공 보육 및 유치원 서비스' 덕분에 파트 타임에서 주 35시간 노동으로 전환을 선택한 영향이 컸다.[7]

오드리 법안에 의해 노동시간이 줄어든 노동자 중 절반이 훨씬 넘는 이들이 가정과 직장생활을 병행하는 게 더 쉬워졌느냐는 질문에 긍정적으로 대답했다. 이는 어떤 유형의 일에서든, 급여 수준에 상관없이, 그리고 남성들뿐 아니라 여성들에게도 마찬가지였다.[8] 주 35시간 노동은 특히 어린 자녀를 둔 부모 사이에서 가장 꾸준히 인기가 있었다.

어떤 노동자들에게는 직장 교섭이 더 적합했다. 일과 삶의 균형에 대한 긍정적인 태도를 이미 갖춘 회사들에서 노동자들은 노동시간 단축이 더 유익하다는 걸 알게 되었다. 아마도 회사가 법안을 곧이곧대로 받아들이기보다는 그 실질적 목표를 기꺼이 실현하려고 했기 때문일 것이다. 그러나 다른 곳, 특히 추가 채용을 하지 않은 곳에서는, 많은 사람이 자신들의 노동 강도가 더 세졌다는 걸 알게 되었고 이는 그들의 삶에 더 많은 스트레스를 가중시켰다. 두 번째 오드리법을 통해 사람들은 그들이 자신의 노동시간에 대해 거의 통제력이 없었고 그래서 삶의 질에 부정적인 영향을 받아왔음을 깨달았다. 이러한 통제력 상실은 노동자들 사이에서 노동시간 단축에 대한 의지를 가라앉게 만들어왔다.

더 긍정적인 효과는 단체교섭을 위해 동원된 새로운 구조가 2002년 이후 법을 철회하려는 시도들을 지연시키는 데 도움이 되었다는 것이다. 오드리 법안이 지역 협의를 촉진했다는 사실은 엄청나게 많은 직장 조직들이 노동시간 단축을 협상했고 그렇게 함으로써 조직 내에 투자라는 의식을 발전시켰다는 것이다.

사르코지의 모든 노력과 좌파의 식어버린 열정에도 불구하고, 주 35시간 노동은 사실상 폐지되지 않았다. 더 많은 사람이 더 오랜 시간 일하고 있어도, 그것은 여전히 공식적으로 많은 프랑스의 고용주들과 노동자들이 고수하는 '표준'이다. 1998년부터 2008년 사이에 '법정 주 35시간 노동 제한이 가져온 전반적인 순효과는 주당 약 1.5시간에 달하는 것'으로 추정되고 있다. 이는 당초 목표에는 훨씬 미치지 못하는 수치였지만 '이 기간 서유럽에서 가장 큰 하락 폭'을 보여주었다.[9] 프랑스 노동자들은 현재 OECD 4개국(독일, 노르웨이, 덴마크, 네덜란드)을 제외한 모든 국가보다 연평균 노동시간이 적다.

스웨덴 예테보리의 돌봄노동자들을 위한 하루 6시간의 노력

스웨덴에서 두 번째로 큰 도시인 예테보리(Gothenburg)에 있는 한 노인 요양병원은 2015년부터 2017년까지 사람들에게 더 많이 알려진 실험이 있었던 곳이다. 이 실험은 시 당국이 도입하고 통제된 평가를 진행한 일시적인 시도였다. 스바르테달렌(Svartedalens)에 있는 노인 요양병원에서, 하루 8시간 일하던 68명의 요양보호사가 급여 손실 없이 6시간 노동으로 전환되었다. 추가 시간을 보충하기 위해 17명이 추가로 고용되었고 그 비용은 공적 자금으로 충당했다.

스웨덴에서는 80세 이상의 인구가 빠르고 큰 폭으로 증가하고 있었고, 대부분이 여성이었던 건강 돌봄 종사자들은 종종 자신들의 건강과 성과에 심각한 영향을 줄 정도로 대단히 힘든 교대 근무를 떠맡아야 했다. 시의회는 노동시간 단축이 그들이 주민들에게 제공하는 돌봄의 질뿐만 아니라 그 자신들의 행복도 향상시키는지 알아보고자 했다.

평가자들은 주당 39시간 노동을 유지하고 있던, 스바르테달렌과 유사한 시설인 솔랑겐(Solangen)을 비교해봤다. 그들은 스바르테달렌의 더 많은 직원이 솔랑겐의 직원들보다 훨씬 유의미한 건강 증진과 함께 더 많은 경각심, 더 적은 스트레스, 그리고 더 활동적인 생활방식을 보여준다는 것을 알게 되었다. 그들은 더 푹 자고, 혈압도 낮았으며, 아파서 결근하는 횟수도 적었다. 스바르테달렌 주민들은 직원들이 야외에서 걷고, 노래하고,

춤추는 등 더 많은 활동을 함께 해줘서 더 많은 긍정적인 경험을
했다고 전했다.

　　스바르테달렌 요양원의 책임자인 Monica Axhede 는
분위기가 훨씬 편안해졌음을 발견했다고 말했다. '이곳에는 치매를
앓던 사람들이 많았습니다. 이전에, 주변에 스트레스가 너무
많았을 때는 사람들을 긴장하게 만들었는데 지금은 확실히 더
평화로워졌어요.'[10] 예테보리의 시의원 다니엘 벤머(Daniel
Bernmar)도 다음과 같이 말했다. '직원들이 스트레스를 덜 받을 때
일상적 상호작용도 개선되었습니다. 환자들과 직원들도 더욱
적극적으로 바뀌었어요. 우리가 환자들을 위해 준비한 하루
활동량을 측정해보니 60% 정도 증가했음을 알 수 있었고 직원들의
병가 일수도 뚝 떨어졌습니다.'[11]

　　벤머 의원은 만약 이런 접근방식이 널리 시행된다면, 재정에
'굉장히 긍정적인' 영향을 줄 것이라고 보았다. '예를 들어 더
많은 사람을 고용하는 것은 사회적 비용인 실업률을 낮춘다는 걸
의미합니다. 근무 교대 시간을 단축하고 스트레스를 덜 받게
하면 병가 발생 건수가 줄어들어 결국 의료시스템에 대한 부담을
줄여줍니다.' 물론 직원을 추가 고용하면 비용은 20~30% 늘어
나겠지만, 벤머 의원은 '장기적으로 보면, 이는 실업 및 의료와
관련된 부대 비용을 15% 정도 절감시켜준다'고 했다.[12]

　　실험은 여러 면에서 성공적이었지만 결국 정치적 이유와
비용에 의해 좌절되었다. 1,200만 유로에 상응하는 비용이 들었고
그만큼 예산도 투입되었지만 끝내 좌파연합은 시의회의 통제권을
잃게 되었고 처음부터 이런 시도에 극렬하게 반대했던 우익 정당이
주류가 되었다. 차기 부시장은 시의 53만 노동자 모두가 8시간
기준으로 보수를 받으면서 6시간만 일한다면 그 비용은 감당할 수

없을 정도로 엄청날 것이라고 우려했다. '우리에게는 더 많은 일손이 필요합니다. 더 많은 사람이 일하러 가야 합니다. 우리는 심지어 더 오래 일해야 합니다.' 나아가 스웨덴의 노동조합 연합인 LO에는 다른 우선 과제들이 있었는데 더 많은 사람이 전통적인 의미의 '전일제' 직업을 갖도록 하는 것이었다.

스바르테달렌의 연구결과는 스웨덴의 이전 실험의 결과들과도 일치한다. 예를 들어, 스웨덴 국립노동연구소는 4개 분야(사회서비스, 기술서비스, 돌봄 및 복지, 콜센터)에 걸쳐 무작위로 선정된 사업장에서 임금 손실 없는 노동시간 단축이 어떤 영향을 끼치는지 18개월 동안 무작위 통제 실험을 실시했다. 참여집단에서 노동자들의 하루 노동시간은 8시간에서 6시간으로 줄었고 사업주는 추가 인력을 고용할 수 있도록 지원받았다. 노동자들은 자유시간에 다른 유급 노동을 하지 않기로 동의하고 실험 기간 내내 일지를 작성했다. 실험의 모든 분야에서, 노동시간이 줄어든 노동자들은 수면의 질이 향상되었고 주간 피로도와 스트레스가 감소(특히, 취침 시간에 걱정과 스트레스의 감소) 했음을 보고했다.[13]

미국 유타주의 주간 압축노동

2008년, 미국 유타주 정부는 대담한 실험에 착수했고 이는 대부분의 주 정부 정책에 영향을 주었다. 불과 한 달 만에 유타주 25,000명 노동자 중 18,000명이 3일의 주말과 함께 주4일 노동으로 전환했다. 주당 노동시간은 그대로 둔 채, 오전 7시부터 오후 6시까지 새로운 일정으로 압축 노동이 실행되었다. 약 900개의 공공기관이 월요일부터 목요일까지 연장 근무를 하는 대신 금요일에는 문을 닫았다.

높은 연료 비용이 이런 계획을 촉발했지만, 그 공식 목적은 '에너지 소비, 고객 서비스 확대, 직원 채용 및 유지, 주 정부의 환경 영향 감소 등의 분야에서 긍정적인 영향을 만들어내겠다'는 보다 야심 찬 것이었다.[14] 이 압축 노동은 응급 및 공공 안전 서비스를 제공하는 기관과 교도소 및 공립 대학교를 제외한 모든 노동자에게 의무적이었다.

이런 형태의 주4일 노동이 미국에 새로운 것은 아니었다. 3개 조직 중 1곳 이상이 유사한 방식의 압축 노동을 실행해 왔으며, 대부분 하루에 10시간 일하는 대신 금요일이나 월요일에 쉬는 방식이었다.[15] 유타주의 실험은 그 범위와 의욕, 그리고 의무적으로 시행했다는 측면에서 특별했다. 이 실험은 또한, 그 시작부터 2011년 사그라들 때까지 면밀하게 연구되었다.

그 영향에 대한 연구는 예기치 않은 요인들, 예를 들어 연료 가격 하락, 통근 패턴에 영향을 주는 새로운 고속도로, 온난화 현상으로 인해 줄어든 난방 비용, 2008년 금융 위기의 여파 등에 의해 방해받았지만 그럼에도 몇 가지 유용한 결과를 보여주었다.

이 제도는 직원들에게 인기가 있었다. 실험 시작 전에는 50%를 조금 넘는 직원들만 주4일 노동을 선호한다고 답한 반면, 실제로 경험해본 후에는 4분의 3 이상의 직원이 주4일 노동이 더 좋다고 답했다. 초과근무의 비율은 더 낮아졌고 무단결근과 병가도 더 줄었다. 일부 학부모는 방과 후 및 보육 일과에 적응하는 데 문제가 있다고 답하기도 했지만, 대부분은 주4일 노동이 더 좋다고 말했다. 그들은 출퇴근 비용을 절약하고, 출퇴근할 때 도로가 덜 붐빈다는 것을 알게 됐으며, 금요일마다 지역 봉사 활동을 할 수 있다는 것에 기뻐했다. 결국, 82%의 직원들이 이 제도가 계속되도록 자신들이 시범 사례가 되기를 원했다.

주4일제는 또한 주 정부 서비스의 소비자들에게도 호감을 얻었다. 조사대상자 중 3분의 2 이상이 이 제도가 계속되기를 원했고 주4일제가 멈추기를 바라는 사람은 20%에 불과했다. 70%의 응답자가 주4일 노동을 해도 자신들이 바라는 바를 충족시키기에는 충분하다고 답했고 거의 80%에 가까운 응답자가 주4일 노동이 자신들이 받는 서비스에 아무런 차이를 주지 않는다고 답했다. 온라인 서비스의 이용도 계속 늘어났다.[16]

이 제도가 개별 연료 소비나 온실가스 배출에 어떤 영향을 주었는지는 확실치 않지만, 공공 차량 운행에 따른 연료 소비량과 이산화탄소 배출량은 각각 2%와 14% 감소했다.[17] 공공건물의 에너지 소비량도 10.5% 감소해서 연간 502,000달러를 절약할 수 있게 됐으며 운영비도 203,000달러 줄어들었다.[18] 그러나 일부 주 정부의 공공건물을 금요일에 폐쇄했을 때 연간 절약할 수 있는 비용으로 약 3백만 달러 정도를 기대했지만 최종 집계는 1백만 달러 정도 되는 것으로 나타났다.[19]

스웨덴에서처럼 주4일제를 약화시킨 것은 정치적 이유와 비용이었다. 처음부터 주4일제를 지지했던 존 헌츠먼(Jon Huntsman) 유타 주지사가 중국 대사로 부임하기 위해 2009년 유타를 떠났고 2011년이 되어 주의회가 이 실험을 마쳤을 때 이야기는 바뀌었다. 주4일제 종료 법안을 발의한 의원에 따르면, '금요일에 서비스를 이용해야만 하는 사람들이 가장 큰 걱정이었다. 재계에서 이를 달가워하지 않았고 법조계에서도 전혀 좋아하지 않았다. 전반적으로 아무튼 잘 작동되지 않았다' 는 것이었다.[20]

네덜란드의 자발적 단축

네덜란드 정부는 노동력 전반에 걸쳐 주당 노동시간을 줄이려고 노력하는 대신 개인의 선택을 지원하는 조치에 중점을 두면서 특히 더 많은 여성이 유급 노동에 참여할 수 있게 되는 것을 목표로 삼았다. 1985년의 '해방을 위한 정책 계획'은 여성의 해방을 위해 경제적 독립이 필수 조건임을 공식적으로 인정했다. 더 많은 여성이 노동시장에 진입함에 따라 유급 노동과 어린아이들의 돌봄을 더 쉽게 겸할 수 있는 대책들에 대한 요구가 커졌다. 1988년과 1991년 사이 논의된 돌봄 및 육아휴직 연장에 대한 대책들은 1995년 발효된 근로기준법에 따라 시행되었다. 이 법은 고용주가 노동시간과 휴식시간을 정할 때 의무적으로 직원들의 개인 사정을 고려하도록 명시했다. 이 법은 또한 모유 수유를 위한 휴가, 재택근무, 하루나 주 혹은 월별로 노동시간을 분배할 수 있도록 하는 탄력근무제를 포함해 노동시간을 조정하는 단체협약도 허용했다. 5년 후, 노동시간 조정법은 '유급 노동과 돌봄 업무를 더 잘 병행하기 위해' 노동자가 노동시간 단축을 요청할 때 고용주는 경영이나 사업상 그렇게 하지 말아야 할 강력한 이유가 없는 한 동의하도록 강제했다. 이는 2001년, 돌봄 업무와 유급 노동을 조화롭게 병행할 수 있도록 하는 여러 대책을 통합하고 더 강화한 '노동 및 돌봄에 관한 법률' 제정으로 이어졌다. 중요한 것은, 이 법이 여성 해방과 여성의 노동시장 참여에 대한 대중의 관심이 최우선인 상황에서 이 문제가 더 이상 개인적 책임 수준의 문제가 아님을 공인했다는 점이다. (가장 중요한 것이 무엇인지에 관한 질문은 흥미롭지만, 이 논의의 범위를 넘어선다)

이후 10년 동안 장기요양휴가에 관한 법적 권리 제정, 일부 금전적 보상을 제공하는 육아휴직 세액공제, 육아휴직의 두 배 확대, 휴가 사용 목적의 범위 확장 등 추가 조치들이 계속되었다. 2010년, 최대 노동시간은 16주 동안 주당 평균 48시간으로 정해졌고 단 1주일이라도 60시간을 넘기는 것은 허용되지 않았다. 2017년에는 탄력근로제가 시행되면서 직원들이 노동시간뿐 아니라 노동 장소의 변경도 요청할 수 있게 되었다. (장소 변경 요청에 대해서는 고용주가 꼭 응해야 하는 건 아니었다) 노동자들은 이전 법률이 허용했던 것보다 더 짧은 기간 내에 이런 요청들을 할 수 있었다. 이런 규정들이 발달함에 따라, 지역별로 세부 조항을 협의할 수 있도록 단체교섭을 위한 조항들이 계속 마련되었다. 남성 혹은 저임금 노동자들보다는 더 많은 여성과 고임금 노동자들이 노동시간 단축을 선택했다. 금전 보상에 관한 최소한의 협의는 있었지만 노동시간 단축은 대체로 소득 역시 줄어든다는 것을 의미했다. 2006년, 네덜란드 정부는 미래의 무급 휴가 자금 마련을 위해 급여의 최대 12%를 저축하는 사람들에게 세금을 감면해주는 '생애 과정 저축 제도(Life-Course Saving Scheme)'를 도입했으나 이 제도는 제대로 설계되지 않아 2012년 신규 참여자를 더 받지 않고 사실상 종료될 때까지 내내 참여율이 저조했다.

벨기에의 신용시간제

2002년 도입된 벨기에의 '신용 시간제 (Time Credit scheme)'는 민간 부문 노동자들이 일하다가 어떤 목적으로든, 어떤 단계에서든 휴식을 취할 수 있는 권리를 부여했다. (공공 부문 노동자들에게도 이와 유사한 경력단절제도가 있다) 이는 네덜란드

제도와 마찬가지로 자발적 시간 단축을 지원하지만, 더 나은 삶의 질과 급여 손실에 대한 보상 촉진을 좀 더 분명하게 강조하는 다른 접근법을 취했다.

개인은 최대 1년 동안 아예 쉬거나, 2년 동안 절반만 일하거나, 1개월 혹은 그 이상의 기간으로 묶어 나누어 쉬면서 최대 5년 동안 20%의 노동시간을 줄일 수 있다. 경력단절 선택의 권리는 회사를 위해 지정된 최소기간 만큼 일을 했는지에 달려 있다. 조직 내 직원의 5%만이 이 제도 아래서 아무 때나 휴가를 사용할 수 있다. 휴직을 선택한 사람은 실업급여를 통해 소액의 정액 급여를 받게 되는데 그 비율은 나이, 휴직 유형, 이전 근무 기간 등에 따라 달라진다. 그들은 휴직이 끝나면 바로 복귀할 수 있다. 여기에 보육, 검진, 완화치료 등에 한해서 한 번 사용할 수 있는 3개월 휴직이 추가로 주어지는데 이때는 더 높은 수준의 혜택이 포함된다.[21]

1985년에 만들어진 초기 경력단절 제도는 주로 더 많은 사람을 유급 노동으로 끌어들이는 것을 목표로 했으며, 고용주들에게는 휴식을 취한 노동자들을 실업급여 자격이 있는 사람으로 대체하도록 의무화했다. 이 제도에서는 범위가 더 제한적이었고 노동자들의 복직도 보장되지 않았다. '신용 시간제 (Time Credit scheme)'는 직장 바깥의 삶에 더 많은 비중을 부여하고 휴가 중인 직원을 교체해야 할 의무도 없었다. '고용과 삶의 질 조화에 관한 법률'에 의해 이런 조항들이 도입되었다는 사실은, 그동안 '강력한 집단적 연대 논리'로 표현돼온 것을 반영하듯, 더 나은 '일과 삶의 균형'이라는 목표가 국가의 법적 틀 속에 포함되어있다는 중요한 신호로 여겨졌다.[22]

신용시간제는 노동자들 사이에서 인기를 끌었고 꽤 널리

사용되었다. 긍정적인 측면에서 이 제도는 자격 있는 사람들이 어떤 목적으로든, 언제든 휴가를 떠날 수 있게 해준다는 점에서 융통성이 있었다. 휴직은 권리에 기초한 것이었고, 적지만 미미하다고 볼 수는 없는 수준의 급여 지급으로 충당되도록 보장받았다.

부정적인 면으로는, 신용시간제가 더 큰 평등을 촉진하는 데 도움이 된다는 증거는 거의 없다는 점이다. 이전 경력단절제도에 비하면 남성들이 신용시간제를 활용하는 비중이 훨씬 높아졌지만, 가사노동 분담과는 별 상관없는 이유로 휴가를 내는 것으로 보인다. 대부분의 여성들이 20대와 30대에 경력단절을 경험하는 반면, 대부분의 남성들은 인생 후반기에 경력단절을 선택하는데, 이는 명백히 조기퇴직을 위한 조치라고 볼 수 있다.[23] 소득 불평등의 관점에서 보면, 신용시간제에 수반되는 혜택으로 (네덜란드 제도에 비해) 저소득 노동자들이 참여하기 쉬워졌지만 그럼에도 여전히 진입장벽은 높은 편이다. 불우한 노동자일수록 불안정한 단기직에 종사할 가능성이 크고 그렇기에 적절한 경력을 갖추기가 더 어려워진다.

이 제도는 직원들에게는 인기를 끌었으나 고용주들에게는 주로 관리상의 이유로, 정부에게는 비용 증가의 이유로 큰 인기를 끌지 못했다. 높은 참여율로 인한 재정적 결과로 신용시간제가 독일의 노동시간계정(아래 참고) 방식을 따라 '시간 절약 제도(time-saving scheme)'로 대체되어야 할지 아니면 네덜란드의 '생애 과정 저축 제도(Life-Course Saving Scheme)'와 유사하게 임금 절약 협정으로 대체되어야 하는 건지에 대한 논의가 촉발되었다. 이들 각각은 더 심화되고 확대되는 성별 및 소득 불평등의 경우를 제외하고는 기존의 비용을 공적 자금으로부터 개별노동자로 이전할 것이었다. 아직 신용시간제가 다른 대안으로 대체되지는 않았다. 아마도 아직까지는 단점이 장점보다 크다는 사실이 밝혀진 바 없기 때문일 것이다.

부문 및 작업장 수준에서의 협약

노동조합의 경우, 노동시간 단축 협상이 특히 경기 침체기에 정리해고를 피하기 위한 수단이었던 경우가 많았다. 그럼에도 노동시간 단축에 대한 더 강력하고 지속적인 동기는 사회적 진보를 위한 것이었다. 즉, '노동자들이 더 건강하고 품위 있고 질 높은 삶을 살 수 있도록' 하기 위한 것이었다. 지난 반세기 동안, 흔히 '워라밸(일과 삶의 균형)'이라고 묘사되는 것처럼, 일과 가정의 양립이 조화롭게 잘 이루어져야 한다는 주장은 점점 더 강조되어왔다. 프랑스의 경험에서 알 수 있듯, 국가 차원의 입법과 직장 차원에서의 협약은 서로를 보완할 수 있다. 여기서 우리는 협상 타결이 노동시간 단축을 견인한 독일과 영국에서의 노동조합의 역할을 살펴보려 한다.

독일에서의 협상 타결

독일의 노동조합은 노동시간 단축을 포함한 임금 및 노동조건에 대한 고용주들과의 협상에서 오랫동안 주도적인 역할을 해왔다. 1953년, 그중 가장 큰 노조인 금속노조(IGM)가 한 공장에서 임금 삭감 없는 주 40시간 노동 협상을 타결했다. 연이어 유급 휴가와 유급 병가가 보장되었고 주 35시간 노동 캠페인이 시작되었다. 이는 1973년 석유 파동 이후 일자리 보호와 함께 '인간적인 일터'를 만들기 위한 목적으로 실행되었다.[24]

1984년, 7주 동안의 파업 이후 금속노조(IGM)는 바덴뷔르템베르크주와 헤센주 노동자들의 주 35시간 노동을 얻어냈다. 이 합의는 노동시간 단축을 달성 가능한 목표로서 진지하게 논의할 수 있도록 만들었다.[25] 이 협상은 다른 산업으로 확대되었고 독일은 상대적으로 낮은 평균 노동시간으로 경제를 성공시킨 대표적 본보기가 되었다.

노동조합의 힘은 1980년대 중반부터 세계 정치 및 무역의 변화와 1990년 독일 통일의 영향으로 쇠퇴하기 시작했다. 노동자들의 노조 가입률은 20년 사이 34.7%에서 19.9%로 떨어졌다.[26] 그러는 동안, 고용주들은 변동하는 수요에 대처하기 위해 노동시간 단축과 탄력근무제를 결합함으로써 얻을 수 있는 이점을 따져보고 있었다.

1993년 독일 금속노조는 폭스바겐과의 획기적 협상을 통해 주당 근무 시간을 36시간에서 28.8시간으로 20% 줄였다. 이로 인해 대량 해고는 피할 수 있었지만, 직원의 급여와 복리후생이 일부 줄어들었고 작업방식도 더 유연하고 예측하기 어렵게 되었다. 노동시간은 연간으로 환산되었고 시간은행 제도가 도입되었다. 1999년까지 정리해고의 위협은 거의 사라졌으나 대부분의 직원이 다시 더 긴 노동시간으로 돌아갔다. 2006년, 폭스바겐은 블루칼라 노동자들은 주당 33시간, 화이트칼라 노동자들은 주당 34시간 노동으로 공식적으로 되돌아갔다.[27]

'노동시간 계좌'로 알려진 시간은행 제도는 점점 더 보편화되었다. 이를 통해 노동자들은 시간을 보관해두었다가 합의된 기간에 사용할 수 있었고 나중에 더 일하기로 하고 한동안 더 짧게 일할 수도 있었다. (그 역도 가능했다) 1990년대 중반부터, 유연근무제도는 금속 산업에서 표준이 되었고 2000년까지 민간부문 고용주의 78%가 노동자들에게 일종의 '노동시간 계좌'를 제공했다.[28] 이런 노동시간 계좌는 노동자들이 자신들의 시간을 어떻게 관리할지 다양하게 정할 수 있는 것과 마찬가지로 그 구조 역시 다양했다.

2008년 금융위기 이후, 금속노조는 젊은 조합원들의 마음을 움직일 새로운 전략과 지역 조직화에 중점을 두면서 조직을 재구축하기 시작했다. 2010년부터 2015년 사이, 일을 가진 조합원의 숫자는 94,000명으로 급증했다. 2018년, 80개 이상의 회사에서 6차례의 치열한 회담과 연이은 24시간 파업 이후 금속노조는 남서금속협회 고용주 조직들과 계약을 체결하여 백만 명에 가까운 노동자에게 4.3%의 임금 인상은 물론 정규직으로 돌아갈 수 있는 권리와 함께 최대 2년 동안 주 28시간 노동을 선택할 수 있도록 했다.

당사자들이 이런 계약 체결에 나선 것은 대량 해고의 위협 때문이 아니라 노동자들 사이에서 더 나은 일과 삶의 균형에 대한 관심이 커졌기 때문이었다. 미취학 자녀가 있는 한 노조원은. '주머니에 추가로 현금이 들어오는 건 언제나 좋은 일이지만, 노조가 간신히 얻어낸 승리 중 나에게 가장 중요한 것은 새로운 노동시간 모델이었다'고 말했다.[29] 어린 자녀나 나이 많은 부모를 돌보기 위해 이 옵션을 선택한 노동자는 추가 수당을 받았고, 건강 위험이 높은 교대 근무에서 휴식을 원하는 노동자는 연간 750유로를 보상받았다.[30]

조합원 대상 설문 조사에 따르면, 대다수 노동자가 '필수적으로 해야 할 일과 사생활의 조화'를 위해 일시적으로 노동시간을 단축하고 개인적인 융통성은 더 많아지기를 선호했으며, 유의미한 수준의 소수는 '임금 상승이 중단되더라도'

일반적인 노동시간 단축을 지지했다.[31] 보도에 따르면 이는 더 젊은 노동자들 사이의 새로운 사고방식을 반영하는 것이었다. 경제신문 한델스블라트(Handelsblatt)는 이를 두고 '새로운 세대의 신조: 시간이 돈보다 소중하다' 라는 제목을 달았다. 허티(Hertie) 경영대학원 공공정책 교수인 한나 슈반더(Hanna Schwander)는 런던 파이낸셜 타임스와의 인터뷰에서, '점점 더 많은 사람이 자기 인생의 어떤 시기에 덜 일하고 싶을 때 그렇게 하고 있다. 예를 들어 연로한 친척을 돌보거나 아니면 안식년이나 무급 휴가를 갖기 위해 그렇게 한다'고 말했다. 독일 금속노조 위원장 외르그 호프먼(Jorg Hoffman)은 주 28시간 합의를 가리켜 '현대적이고 자주적인 노동세계로 가는 길목 위의 기념비적 사건'이라고 불렀다.[32]

독일 금속노조의 공식적 합의는 다른 부문을 자극하는 경향도 있었다. 예를 들어 우편 노동자와 운송노동자들이 더 많은 휴식을 위한 협상을 추구하기 시작했다. 이런 흐름이 독일의 경제 호황보다 더 오래 갈 수 있을지는 좀 더 지켜볼 일이다.

영국 통신노동조합의 '35시간 운동'

영국통신노동조합(CWU)이 '35시간 운동(Drive for 35)'을 시작했을 때, 물론 자동화에 대한 대응이기도 했지만 그럼에도 그 주요 목적은 대량 해고를 피하는 것보다는 조합원의 복지 보호에 있었다. 2015년에 로열 메일(Royal Mail)은 많은 수의 소포 분류 작업을 자동화하기 위한 새로운 시스템을 도입했다. 그 결과, 집배원들이 이 소포들을 배달하는 데 걸리는 시간이 4시간에서 7시간으로 늘어났다. 이들의 평균 나이는 49세였고, 그들은 하루 7시간 동안 무거운 짐을 지고 돌아다녀야 하는 것은 건강에 심각한 위험을 초래한다고 주장했다. 2016년, 영국통신노조는

2020년까지 임금 삭감 없이 주당 기본 노동시간을 35시간까지 줄이는 것을 목표로 하는 정책을 채택했다. 노조는, '노동 관행 및 조직 개선과 연계된 주당 노동시간 단축이 노동자들의 피로를 줄이면서도 더 잘, 그리고 효과적으로 일할 수 있도록 한다는 것을 보여주는 독립적 연구의 상당 부분'을 인용했고 로열 메일과의 회담에서 이 증거를 사용할 것을 의결했다.**33**

2018년, 노조는 로열메일그룹과 2022년까지 주 35시간 노동을 향해 점진적으로 전환하는 데 합의하기에 이르렀다. 이는 1990년대에 엔지니어링 노조가 39시간에서 37.5시간으로 변경한 이후 영국에서 가장 크게 노동시간을 감소시킨 협상으로 환영받았다. 정규직 노동자의 노동시간 단축은 기업과 직원들의 주요 현안을 해결하는 데 도움을 줄 것이라고 노조는 말했다. 여기에는 '자동화, 자원 조달, 작업량, 초과근무 및 파트타임 고용'뿐만 아니라 '주로 정규직 인력'으로 고용하겠다는 약속이 포함되었다.**34**

노조와 로열메일그룹은 공동 성명을 통해 주당 노동시간의 첫 1시간 단축이 2018년 10월에 시작될 것임을 발표했다. 두 번째 1시간 단축은 1년 뒤에 하기로 되어있었지만, 로열메일그룹은 이를 이행하지 않았다. 노조는 주당 노동시간 단축, 연금, 가동 중인 수송로의 재설계, 그리고 법적 보호 확대라는 이른바 '4대 기둥'을 지키기 위한 파업 결의에 대해 투표를 실시했다. 조합원들은 압도적으로 찬성했으나 로열메일그룹은 2019년 11월에 고등법원에 파업 금지 가처분을 신청했고 결국 받아냈다. 노조의 사무총장 데이브 워드(Dave Ward)는, 조합원들이 판결에 '극도로 분노했고 몹시 실망했다'고 말하면서 로열메일그룹의 승리는 '오래가지 못할 것'이라고 단언했다.**35**

고용주가 주도한 노동시간 단축

고용주가 노동시간 단축을 주도한 사례는, 여기에 다 기록할 수 없을 정도로 셀 수 없이 많다. 거의 예외 없이 고용주들이 그렇게 하는 이유는 회사 실적 향상을 위해서다. 여기 그중 두 가지 예가 있다.

뉴질랜드 퍼페추얼 가디언(Perpetual Guardian)에서의 주4일 노동

뉴질랜드의 금융 서비스 회사 퍼페추얼 가디언(Perpetual Guardian)은 급여 손실 없이 주 4일 노동을 도입한 최초의 주요 민간 기업 중 하나이다. 이 회사는 2018년 봄에 8주 동안의 시범 운영을 거친 다음 직원 240명 전원을 주5일 37.5시간 노동에서 주4일 30시간 노동으로 전환했으며 개인 휴가는 팀 차원에서 결정하도록 했다. 대신 노동자들은 주5일 노동 때와 같은 수준의 생산량을 유지해야 했다. 이 회사의 설립자 앤드루 반스(Andrew Barnes)는 영국과 캐나다의 노동자들이 생산 노동에 투입되는 시간이 하루에 3시간 미만이라는 이코노미스트지의 보도에서 영감을 얻었다고 말했다.[36] 그는 직원들의 성과가 직장 외부의 압력과 어떻게 상호 작용하는지, 또 직원들이 만약 자신을 위해 더 많은 시간을 쓸 수 있게 된다면 생산성도 그만큼 늘어나게 될지에 대해 관심을 갖게 되었다.

지역 대학들이 평가한 시범 운영에 앞서 한 달 동안의 계획 수립이 진행되었다. 직장 바깥에서 더 많은 시간을 갖는 것이 노동자의 복지와 삶의 질을 개선시키는 것으로 나타났다. 그들은 쉬는 날 집안일을 하거나 친구와, 가족과, 혹은 혼자서 자유롭게 보낼 수 있는 '양질의 시간'을 확보하고 '심리적으로 덜 쫓기는' 감정을 느낄 수 있었다. 많은 직원이 노동시간 단축을 회사의 선물로, 즉 '권리가 아닌 특권'으로 인식하며 '깊은 호의와 상호 의존성'을 느꼈고 이로 인해 회사를 위해 '자발적으로 더 많이 노력'하며 심지어 필요하다면 쉬는 날에도 일할 의향이 생겼음을 알게 되었다. 핵심 결과는 직원들이 업무에 훨씬 더 많이 몰입하게 되었고, 자신들이 더 많은 권한을 부여받았다고 느꼈을 뿐만 아니라 더 높은 수준의 업무 만족도, 협업 및 팀워크를 보여주었다는 것이다. 이 시도는 각 팀이 성과 측정에 동의하도록 만들었고 생산성도 약간 증가했다.[37]

    퍼페추얼 가디언은 2018년 11월부터 주4일제를 고정적으로 시행했다. 주목할 만한 것은, 이 제도가 먼저 각 팀이 자신들의 생산 목표를 달성할 방법에 동의하고 이를 주4일 노동을 통해 가장 잘 달성할 수 있을지 아니면 5일 동안 단축 근무를 할 때 더 잘 달성할 수 있을지 결정한 다음 1년에 한 번씩 사전동의 방식으로 이루어졌다는 것이다. '선물'은 생산성이 떨어지면 철회될 수 있었다.

    시범 운영 결과와 방대한 언론 보도(그의 회사 이미지에도 놀라운 효과를 주었다)에 용기를 얻은 앤드루 반스는 이후 '노동의 미래와 관련된 한 부분으로서 주4일 노동이라는 아이디어를 지지하는 데 관심이 있고 뜻을 같이하는 사람들을 위한 플랫폼을 제공하는 비영리 커뮤니티'로 설명될 수 있는 '주4일 글로벌'을 설립했다.[38] 그는 또 이 주제에 관해 책을 썼고, 직접 시도해보려는 기업들을 위한 지침을 담은 백서도 발간했다. 이것들은 노동시간 단축이 '어떤 종류의 생산성이나 개인적 만족의 열반에 도달하도록 도와주는 마법의 총알'이 아니라는 것을 인정하면서도 만약 경영진, 노동자, 노동조합과 정부가 이 아이디어를 함께 지지한다면 '대부분의 산업에 걸쳐, 대부분의 작업장 내에서 작동할 수 있을 것'임을 알려준다.**39**

일본에서 마이크로소프트의 시도

앤드루 밴스의 이런 낙관론은 2019년 8월에 2,300명의 인력을 대상으로 임금 삭감 없이 주4일 노동을 테스트했던 일본 마이크로소프트로부터 생겨난 것으로 보인다. 일본 마이크로소프트의 CEO 타쿠야 히라노(Takuya Hirano)는 직원들이 '적게 일하고, 잘 쉬고, 많이 배우길' 원하며, '20% 적게 일하면서 어떻게 같은 결과를 얻어낼 수 있는지 경험해보기'를 바란다고 말했다. 보도에 따르면 이 실험으로 생산성이 40% 증가하는 동안 회의는 더 효율적으로 바뀌었고 직원들의 만족도도 상승했다. 직원들의 추가 휴무가 25% 줄었고, 사무실의 전기소비량은 23% 감소했으며 종이도 59% 적게 출력되었다. 거의 모두가(92%) 주당 노동시간 단축이 좋다고 답했다.**40** 하지만, 이 책을 쓰고 있는 지금 기준으로 마이크로소프트는 아직 시범 운영 기간을 넘겨 이를 확대하는 방안에 대해 결정하지 않고 있다.

이익 연대 : 아일랜드의 주4일 노동

마지막 사례는 캠페인과 실질적 지원을 통해 노동시간 단축을 활성화하기 위해 광범위한 이익집단을 모아놓은 전국 캠페인이다. 다른 유사한 캠페인도 많지만, 우리는 높은 국가적 인지도와 사회와 경제는 물론 자연환경을 위한 잠재적 이익에 초점을 맞추었다는 이유로 이 캠페인을 선택했다.

'주4일 아일랜드(4DWI)'는 스스로를 '노조, 기업, 환경

운동가, 여성 권리 및 시민사회 단체, 학계, 보건의료 종사자 및 세계적 지지자들의 캠페인 연합'이라고 묘사한다.[41] 특히 이들은 사회, 경제 및 생태적 기반 위에서 노동시간 단축을 촉진하며 '비즈니스에 더 좋고, 노동자에게 더 좋고, 여성에게 더 좋고, 환경에 더 좋기' 때문에 주4일 노동을 채택한 아일랜드 기업들에 지원을 제공한다.

'주4일 아일랜드(4DWI)'는 '민간 및 공공 부문에서 모든 노동자의 주당 노동시간 단축을 위해 점진적이고 꾸준하며 세심하게 관리되는 전환'과 '장시간 노동이 생산성과 명예의 증거라는 잘못된 고정관념에서 빠져나오기' 위해 노력 중이다. 이들은 임금 손실 없는 주4일제를 표준 관행으로 만들고자 하며 이 목표를 달성하기 위해 세 가지 경로를 구상하고 있다. 경영진의 리더십, 단체교섭, 그리고 정부가 솔선수범하면서 적절한 경우 이를 법제화하는 것이다.

실제 사례로부터 배우기

이제부터 노동시간 단축으로의 효율적 전환을 위해 도움이 될 만한 핵심 가르침들을 여기에 모아보려 한다. 우리는 먼저 직원들의 일상생활과 업무의 질에 미치는 영향을 살펴볼 것이다. 그다음으로 이 변화를 주도하게 될 정부와 노동조합을 위한 몇 가지 시사점을 제안하고 통제, 선택, 그리고 불평등의 문제를 고려한 다음 마지막으로 여론의 분위기를 바꿀 수 있는 요소들이 무엇일지 살펴보겠다.

노동자의 일상 경험에 미치는 영향

✱✱　노동시간이 단축된 거의 모든 사례에서, 노동자들은 자신들의 삶의 질과 행복이 개선되었다고 보고한다. 대체로 스트레스는 덜 받고 직업 만족도는 높아졌으며 병가 일수도 줄어들었다.

✱✱　임금 삭감 없는 노동시간 단축은 직원들이 이 거래를 훨씬 매력적으로 느끼게 만든다. 소득이 낮은 사람의 경우, 다른 방법으로는 감당할 수 없었을 조건을 자신에게 적당한 수준으로 바꿀 수 있다. 심지어 줄어든 임금 보상을 위해 아주 조금만 혜택을 주어도 결정적인 차이가 날 수 있다. 아무 보상 없이 노동시간만 줄이는 것은, 아무래도 좀 더 사정이 나은 노동자들에게 관심의 대상이 될 테고 불평등을 키울 수 있다.

✱✱　일반적으로 노동자들은 집안일이나 가족 돌봄, 혹은 자신만의 관심사처럼 일과 상관없는 시간을 확보하기 위해 고정된 휴일이나 구체적으로 명시된 휴식 시간을 갖고 싶어 한다. 그들은 미리 계획을 세울 수 있다는 점, 혼잡한 출퇴근 시간대를 벗어나 통근할 수 있다는 점, 그리고 그럼으로써 이동하는 데 에너지를 덜 쓸 수 있게 된다는 점에 고마워한다.

✱✱　직원들은 육아를 비롯한 가족의 일상이 고정된 시간에 반복되고 있는데 근무 시간이 들쑥날쑥해지면 일상을 조절하기 어려워져 긍정적인 느낌을 덜 받게 될 가능성이 크다. 만약 5일 동안 하던 일을 4일 만에 해내야 해서 더 강도 높게 일하고 스스로를 쥐어 짜야 한다면 이 역시도 마찬가지다. 이는 기업 측에서 추가 인력 채용을 위한 비용을 충당할 준비가 되어있는지에 따라 달라진다.

작업의 질과 경제적 성과에 대한 영향

＊＊ 어떤 직종에서 임금 손실 없는 노동시간 단축은, 노동자들이 (스트레스를 덜 받게 되기 때문에) 작업의 질을 개선해서 시간당 생산량을 늘리는 방식으로 상쇄될 수 있다. 심지어는 노동시간 단축 이전보다 생산량의 수준이 훨씬 늘어날 수도 있다. 제조업이나 금융업에서 그럴 가능성이 높다. 노동자들이 직접 더 적은 시간 동안 더 많은 일을 할 수 있는 방법을 찾는 데 적극적이고 집단적으로 참여한다면 생산량 증가의 가능성은 더 높아진다.

＊＊ 돌봄 노동 같은 다른 분야에서는, 노동시간 단축을 통해 시간당 생산량을 늘리는 것은 고사하고 측정 자체가 어려울 수 있다. 돌봄 노동자의 근무시간이 줄어들면 업무의 질은 향상 되더라도 돌봄을 받을 수 있는 사람의 수는 늘어나지 않을 가능성이 크고 오히려 실제로는 줄어들 수도 있다.

＊＊ 노동시간 단축이 생산성 향상으로 이어지지 않으면, 서비스 범위를 축소하거나 업무의 질이 떨어지지 않도록 추가로 직원을 채용해야 한다. 공공 부문은 그렇게 할 준비가 되어 있을 것이고, 주 정부는 공적 자금에 대한 보상으로 그만한 공익적 정당성이 있다고 판단되면 추가 채용을 진행하는 민간부문 고용주들에게 보조금을 지급할 수도 있다.

＊＊ 어떤 상황에서는 노동시간 단축으로 실업자들을 위한 일자리가 더 많이 창출되어 사회보장연금을 요구하거나 실업으로

인해 손상된 건강의 치료를 요구하는 이들이 줄어들게 된다. 실업률이 수용할 수 없을 만큼 높다면 절충 - 트레이드 오프 : 옮긴이 주 - 할 가치가 있겠지만 실업률이 떨어진다면 그 유인 효과는 약해질 것이다. 어떤 경우라도 추가 채용에 대한 비용은 즉각적이고 확실한 데 반해, 그 잠재적인 구제 효과는 덜 명확하고 장기적이며 종종 투자할 때의 의도와 관계 없이 다른 경제 분야에서 저절로 생겨나곤 한다.

정부와 노동조합이 주도하는 계획

** 노동시간 제한을 위해 정부가 직접 개입하는 것은 인구 전반에 걸쳐 변화를 가져올 수 있지만 정치적 반전의 위험이 늘 도사린다.

** 노동시간을 단축하면서도 혁신을 이루어낼 수 있을지 여부는 그 효과가 노동자, 고용주, 그리고 유권자 일반에게 얼마나 인기 있는 것으로 입증되었는지, 또 법이 얼마나 제도 안에 뿌리내려 '정상'으로 인식되고 있는지에 달려 있다.

** 고용주와 노조가 국가 차원의 법률을 지역에서는 어떻게 시행할지 합의를 끌어낸다면, 그들은 이 변화를 좀 더 자신들의 문제로 인식하고 또 책임을 느끼며 이끌어가야겠다고 느끼게 될 것이다. 이는 결과적으로 미래의 어떤 정부가 법안을 뒤집고 싶더라도 상당한 부담을 갖게 만든다.

** 잘 조직된 산업 노동자들은 변화의 효과적인 리더가 될 수

있다. 노동시간 단축 캠페인은 신규 조합원을 끌어모으고 조합
활동에 활기를 불어넣는 데 도움이 될 수 있다. 노사 간에 '사회적
동반자'라는 전통이 있고 어느 정도 신뢰 관계가 형성된 곳에서,
노조는 어려운 시기에 양측 모두 필요한 것을 얻을 수 있도록
문제 해결사이자 혁신가의 역할을 맡을 수 있었다.

＊＊　단체협약의 확산은 노동시간 단축을 위한 다양한 합의로
이어질 수밖에 없으며, 일부 노동자 집단이 다른 집단보다 더
유리한 거래를 할 수 있게 됨으로써 불평등을 악화시킬 수 있다.

＊＊　국가 차원의 입법과 단체교섭을 결합하는 것이 협상
타결만으로 노동시간을 단축하는 것에 비해 더 포괄적이고
균등하게 혜택을 확산시킬 가능성이 높다.[42]

통제와 선택, 그리고 평등의 문제

＊＊　사람들이 자신들의 시간에 대해 얼마나 많은 통제력을 갖고
있다고 느끼는지가 매우 중요하다. 그들이 노동시간 단축으로의
전환 계획에 관여하고 그들의 시간이 어떻게 할당될 지에 관해
발언권을 갖게 되면 아마도 노동시간 단축을 더 많이 지지하게 될
테지만, 기업 측에서 이 전환을 일방적으로 결정할 수 있게 된다면
별로 좋아하지 않을 것이다.

＊＊　노동시간 단축을 위한 협약에는 종종 탄력근무 조항이
포함된다. 이때 유연성이, 일과 사생활을 더 잘 조화시킬 수 있도록
노동자가 스스로 자신의 시간과 일정을 결정할 수 있다는 걸

의미한다면 노동자들 역시 이를 중요하게 여긴다.[43] 그러나 빠르게 변화하는 기술들 때문에 노동자들은 더 적응력을 높여야 하고 직장에서의 유용성을 갖춰야 한다. 유연성이 실제로 노동자의 삶을 얼마나 개선하는지는 시간 투입에 관한 선택권을 누가 갖는가에 달려 있다.

＊＊ 개인이 노동시간 단축의 선택권을 가진 곳에서는, 여성과 고소득 노동자가 그렇게 할 가능성이 크다. 여성들은 피할 수 없는 가사노동의 책임 때문에, 또 고소득 노동자들은 상대적으로 더 여유가 있기에 그렇다. 전적으로 자발적인 시스템, 특히 임금 보호 없는 노동시간 단축의 경우에는 문화적 규범의 결에 따라 다르게 작동하고 불평등을 방치할 가능성이 크다.

여론의 변화

＊＊ 흔히 그렇듯, 노동시간 단축의 경험이 단편적이거나 일시 적인 경우에는 그 방식과 영향력에 대한 지식 체계에 이바지하고 관심을 높임으로써 여론을 바꾸는 데 도움을 줄 수 있다.

＊＊ 좋은 평가를 받은 시도들은, 그 시도가 끝난 후에도 잠재적 혁신가들에게 이에 관한 정보를 제공하고 또 노동시간 단축을 장려하기 위해 널리 활용할 수 있는 증거들을 제공함으로써 계속 강한 영향력을 행사할 수 있다.

＊＊ 노동조합이 노동시간 단축에 대한 조기 합의를 얻을 수 있는 경우에는, 기대치를 바꾸기 시작하고 다른 부문의 노동자들이

스스로 행동을 취하도록 용기를 줄 수 있다.

＊＊　공식적인 '규범'을 일상적인 것으로 만드는 것은 '다양한 수준의 행위자들이 지속적으로 개입해야만 하는' 장기적인 과정이다.[44] 그러나 '무엇이 정상인가'에 관한 새로운 감각을 구축하는 게 어려울 수는 있지만 일단 변화가 진행되고 나면 되돌리기 쉽지 않다.

5 전환을 위한 로드맵

우리는 주당 노동시간 단축을 향한 일련의 집중적인 경로들을
마음속에 그려본다. 지금보다 나은 대안이 충분히 달성 가능하며
효과가 있음을 보여주는 선구적인 고용주와 노동자들의
자발적이며 주도적인 사례들이 나타난다. 동시에, 부분적이고
점진적인 다양한 조치들이 정부 입법과 직장 협상을 통해
권장되고 지원받으면서 모든 인구에 걸쳐 노동시간 단축의
경험이 확산하고 변화하는데 유리한 조건을 만들어낸다. 새로운
관행으로부터 우리가 더 발전할 수 있음을 알려주는 더 많은
증거가 나타나고, 주당 노동시간 단축을 위한 캠페인에도 힘이
실린다. 무엇이 '정상'이며 바람직한지에 대한 새로운 공감대가
형성되고 그에 뒤따르는 규정들이 보편적 권리로서의 유급
노동시간에 대한 새로운 표준을 확립하기 위해 이러한 변화를
뒷받침한다.

물론, 이러한 우리의 상상이 실제로 가능할지는 모르겠다.
여기서 우리는 어떤 경로를 선택하든 적용해야만 할 노동시간
단축을 위한 매개변수들을 제시한다.

노동시간 단축으로의 전환은
모두의 이익을 위해 집합적이다.

개인들의 선택으로 우선 시작되더라도 궁극적으로는 모든
노동인구에 적용되는 '정상'의 개념을 바꾸는 것이 목표다.
그렇지 않다면 기존의 불평등이 확대될 위험이 있다.

변화는 느리게 일어난다.

노동시간 단축에 대한 우리의 요구는 150년 이상 거슬러 올라가는 점진적 변화의 전통과 연결되어 있다. 위에서부터 가해지는 극적인, 하룻밤 사이의 변화가 좋은 결과로 이어질 것 같지는 않다. 노동자, 고용주, 그리고 그들의 준비기구는 경험으로부터 배우고 적응하기 위해 필수적인 시간과 공간이 필요하다.

보수는 충분해야 한다.

누구도 노동시간 단축을 이유로 부족한 보수를 받아서는 안 된다. 시간이 지남에 따라, 더 적은 추가 급여를 받는 대신 더 많은 휴가를 선택하는 사람들도 늘어나겠지만, 이런 일은 그들이 자발적으로 이런 선택을 할 수 있을 만큼 충분히 벌 수 있을 때 일어나야 한다.

결과는 획일적이지 않다.

우리는 모든 사람을 위한 일률적인 노동시간 단축 모델을 기대하거나 추구하지 않는다. 사람들의 직장, 가족, 생활 조건과 소득 수준이 너무 다양하기에 공평하거나 공정하기는커녕 실현 자체가 불가능하다. 노동시간 단축은 다양한 범위의 수요를 만족시킬 수 있을 만큼 유연해야 한다.

변화의 속도와 성격은 서로 다를 것이다.

사무실에서 일하는 직종은 대부분 즉각적으로 노동시간을 단축할 수 있겠지만 대면 상호작용이 필요한 직종에서는 도입하는 데 좀 더 많은 시간이 필요할 것이다. 우리는 일부 직종이 먼저 그 길을 이끌 것이라 기대해야겠지만, 동시에 다른 직종들도 그 뒤를 바짝 쫓아갈 수 있도록 해야만 한다.

이것은 독자적인 전략이 아니다.

주당 노동시간 단축으로의 전환은 임금, 산업 전략, 복지 국가 개혁, 기후 완화 등 주요한 구조적 문제를 다루는 광범위한 진보적 의제와 한 묶음이며 그 일부이다.

이런 매개변수들 속에서, 우리는 그 구성요소들이 서로 겹쳐지는 전환을 상상해본다. 기반을 마련하고, 혁신을 지원하고, 기존의 권리를 강화 및 확대하고, 여론을 조성하고, 변화를 일으키고, 계기를 만들어내는 것 등이 그것이다.

기반 마련하기

집단과 개인에 의한 독자적인 행동은, 노동시간 단축으로 무엇이 가능한지를 보여주고 그에 관한 지식과 경험을 구축해주는 이미 잘 진행되고 있는 노동시간 단축을 위한 중요한 초기 경로이다. 공공 및 민간 부문에서 혁신은 단체교섭이나 개별적인 요청 또는 선구적인 고용주에 의해 일어날 수 있다. 또한, 고용주들이 나름의 방식으로 적용할 수 있도록 장려하는 정부의 법령으로 활성화될 수도 있다.

단체교섭

노동 조합원 세대는 20세기로 접어들면서 하루 8시간

근무와 이틀의 주말이라는 새로운 규범과 기대치를 확립했다.[1] 이후로 지금까지 노동시간 단축은 대체로 노동조합의 밀도가 높은 영역에서 시작되었다.[2] 오늘날 노동조합은 조합원의 복지를 개선하고 자동화로 인한 해고 위협을 피하기 위한 수단으로 노동시간 단축을 성취할 중요한 기회를 얻었다.

예를 들어 새로운 기술의 영향을 다루는 부문별 협약 같은 데서, 가능하다면 노동조합은 노동시간 단축 계획을 연동시키는 방안을 모색해야 한다.[3] 사업장 차원에서 노동조합은 조합원들이 조직 내에서 더 짧은 시간 동안 캠페인을 벌이는 위원회를 구성하도록 권장할 수 있고 또 동료들 사이에서 기대치를 높이고, 경영진에게 제시할 사례를 만들고, 전환을 위한 전략을 제안하도록 장려할 수 있다.

연봉 협상 시기에, 앞서 논의한 노동조합을 위한 한 가지 전략은 물가 상승률에 연동되거나 그보다 많이 급여를 인상하지 않는 대신에 추가 휴가를 협상하는 것이다. 이렇게 매년 반복되면 이는 누적효과를 낳게 될 것이고 노동자들은 임금 인상 속도는 느려질 테지만 임금 삭감 없이 점진적으로 노동시간을 단축할 수 있게 된다. 여기에는 저소득층과 고소득층 사이의 임금 격차를 줄일 조치가 포함되어야 하며 되도록 노동력 전반에 걸친 단체 합의가 되면 바람직하다.

개별적 요구

노동 시간 단축을 위한 개별적 요구들이 성공하면, 그 수가 누적됨에 따라 유급 노동 시간에 대한 규범과 기대를 변화시키고 직장에서 모범적인 관행을 만드는 데 도움이 된다. 직원들은 합의된 범위 내에서 자신의 근무시간을 선택할 수 있어야 하며,

고용주들은 아주 강력한 이유가 없는 한 이에 동의해야 한다. 근무시간 교대, 안식년, 근무시간 가불제도를 포함해 주4일 또는 이에 상응하는 주간 혹은 연간 노동시간의 분배를 통해 노동자의 다양한 요구에 맞게 선택한 시간을 최대한 유연하게 조정하는 것이 중요하다.

선구적인 고용주

중앙 및 지방정부 차원에서의 공공부문 고용주는 임금 손실 없는 노동 시간 단축을 위해 솔선수범함으로써 강력한 영향력을 행사할 수 있다. 그들로 인해 다른 고용주들도 비슷한 조치를 취하고 싶어질 수 있는데 특히 직원 복지, 직업 만족도, 병가 및 결근 감소, 산출물의 품질 개선 등의 측면에서 이점을 입증할 수 있는 경우에는 더 그렇다. 공공부문의 고용주는 충분한 구매력이 있고 조달 표준의 설계를 통해 기준을 높일 수 있기 때문에 계약기관들도 공공부문의 영향을 받아 그렇게 하지 않을 수 없게 된다.

혁신에 대한 지원

정부는 법령이나 재정 지원을 통해 혁신을 위한 핵심적인 역할을 할 수 있다.

노동조합 지원

노동조합의 조합원들을 위한 효과적인 교섭 능력은 1970년대 후반부터 많은 나라에서 극심하게 약해졌는데 이는 반드시 복원될 필요가 있다. 이들이 지금 노동시간 단축을 위한 성공적인 혁신을 거두기 위해서는 조직화와 교섭력을 제한했던 법들을 개혁하거나 폐지해야 한다. 노동조합 가입, 노조 활동 참여, 정당한 이유로 비협조적인 고용주에 맞서는 행위 등은 법적 일탈이 아니라 권리의 문제로 간주 되어야 한다.

하나 혹은 그 이상의 사업장에 걸쳐 50명 이상의 직원이 근무하는 경우, 고용주는 최소 하나 이상의 노동조합을 합법적으로 인정해야 하고 그보다 작은 사업장의 노동자들은 적정한 수준의 빠르고 간단한 방법을 통해 인정받을 수 있어야 한다.[4] 노동자들은 노조 회의 개최, 교섭 및 이사회 참석 등을 위해 주당 1시간 정도의 시간은 쓸 수 있어야 한다.[5] 또, 직원으로서의 지위를 인정받지 못한 채 디지털 플랫폼을 통해 고용된 사람들도 사실상의 고용주와 직접 협상할 수 있어야 하며 필요한 경우라면 정당한 쟁의행위도 할 수 있어야 한다.[6]

노동시간 단축을 위한 최고의 합의 중 일부는 종종 정부를 포함한 노조와 고용주 간의 탄탄한 사회적 파트너십을 통해 달성되었다. 이런 전통은 독일과 일부 북유럽 국가에서 강했지만, 영국과 미국에서는 거의 사라졌다. 사회적 파트너십을 만들어내고, 되살리고, 혹은 강화하는 것은 분명히 단체교섭의 힘을 키움으로써 노동시간 단축으로 이끌 것이다.

개별적 지원

노동시간 단축을 신청하는 개인들은 이 전환에 중요한 공헌을 한다. 그러나 제도적, 재정적 지원이 없다면 그 혜택은 불명확하고 불평등하게 분배된다. 정부는 고용주들이 최대한 건설적으로 이 요청에 대응할 수 있도록 의무화함으로써 개인들의 주장을 뒷받침해주어야 한다. 이 대목에서 우리는 아주 특별한 경우가 아니라면 고용주가 노동자의 요청을 받아들일 의무가 있는 네덜란드로부터 배울 수 있는데, 그 특별한 경우조차도 고용주에게는 그 사유를 입증해야 할 책임이 있다. 만약 노동자가 요청한 시작일로부터 1개월 이내에 고용주가 응답하지 않으면 노동자의 요청이 받아들여진 것으로 간주되어 자동으로 시행된다. 또한, 규정에는 노동시간 단축 조치가 고용주뿐 아니라 노동자들의 요구도 최대한 충족 시켜야 함을 명시하도록 강제하고 있다.

개별적으로 노동시간 단축을 청구할 경우 대체로 임금 삭감이 수반되는데, 그래서 대체로 충분한 돈을 벌고 있다고 느끼거나 혹은 맞벌이 가정에서 다른 사람의 수입이 더 높은 개인이 선택할 가능성이 높음을 의미한다. 이는 여성과 남성 사이의, 또 저소득층과 고소득층 사이의 불평등을 확대시킨다. 정부는 줄어든 수익을 보조금으로 보완해주거나 임금을 절약하기 위한 계획을 미리 수립하거나, 휴가가 필요할 때마다 사용할 수 있도록 시간을 적립해두는 제도 등을 통해 불평등 확대를 완화할 수 있다. 네덜란드, 독일, 그리고 벨기에가 이런 사례들을 제공한다.

고용주 지원

노동자들의 권리가 안정적으로 정착함에 따라, 고용주들에게도 재정적으로 또 이러한 변화가 가져올 결실에 대한 인센티브를 통해 법률을 준수할 수 있도록 지원하고 권장해야 한다. 여기에는 훈련과 개발을 위한 정부 지원뿐 아니라 고용주를 위한 세금 제도의 조정도 포함될 수 있다. 공공부문 고용주의 경우, 조달 관련 기준을 통해 계약자들이 노동시간 단축을 채택할 수 있도록 요구해야 한다. 그리고 지방정부가 자체 자금을 조달할 힘이 거의 없는 영국과 같은 나라들에서는, 중앙정부가 보조금을 통해 공공부문 고용주들이 이 새로운 변화에 도전할 수 있도록 충분한 자원을 제공해야 한다.

공식적인 인증 제도는 고용주들이 노동시간 단축을 받아들이도록 장려할 수 있다. 다양한 인증 제도가 좋은 고용 관행을 전파하는 수단일 뿐만 아니라 채용에 도움을 주고 평판과 조직의 성공을 촉진하기 위해 추진되어왔다. 예를 들어 영국의 생활임금재단(Living Wage Foundation)은 모든 직원에게 실질 생활임금을 지급한다는 것을 증명할 수 있는 고용주에게 인증을 제공한다. 이는 1990년 영국 정부가 시작한, 단계별 인증을 제공하는 IIP(Investors in People)와 같은 이전 계획들을 따른 것이었는데, 여기서는 고용주들이 직원들을 얼마나 잘 대우 하는지에 따라 그 단계가 주기적으로 갱신되었다. 반영하여 주기적으로 갱신된다.[7]

기존 권리의 강화 및 확대

전환을 위해 아주 중요한 요소는 기존의 권리를 향상시키고 유급 휴가를 특권이 아닌 권리로 경험하는 노동자들이 늘어나는 것이다. 다음에 나오는 발전들은 독립적인 노동시간위원회 (Working Time Commission)의 도움으로 이루어질 수 있다.

돌봄 휴가

누군가를 돌보아야 할 때, 노동자는 휴가를 낼 수 있어야 한다. 예를 들어 네덜란드에서 노동자들은 아픈 친척, 광범위한 가족 구성원, 동거인이나 이웃 혹은 친구를 포함한 지인들을 돌보기 위해 법적으로 돌봄 휴가를 받을 권리가 있다. 이 권리의 일환으로 고용주는 직원에게 통상 임금의 70% 이상을 지급해야 하고, 정규직 노동자에게는 최대 2주 동안 적어도 법정 최저 임금 이상을 지급해야 한다.[8] 이에 상응하는 제도를 다른 나라 노동자들도 이용할 수 있어야 한다.

유급 법정 육아 및 위탁 휴가 확대

모든 국가에서 유급 육아휴직 제도는 양부모를 포함한 모든 사람이 충분히 이용할 수 있도록 확대되어야 한다. 여기서 주목할 점은, 미국이 선진국 중에서는 유일하게 법정 출산휴가가 없는 나라라는 점이다. 육아휴직 제도는 자녀의 생후 첫 2년 동안 아버지(또는 이와 유사한 역할을 하는 사람)를 위해 마련된 18주의 '사용하지 않으면 없어지는' 육아휴가를 포함하고 있어야 한다. 스웨덴, 노르웨이, 캐나다 퀘벡 주와 같은 국가에서 진행된 이러한 '아빠 할당량'은 직장 안팎에서 성 불평등을 줄이는 데 도움이 되었다.[9] 발전이 빠르진 않았지만, 아버지들이 육아 의무를 수행하기 위해 휴가 사용을 점진적으로 늘려가고 (또 그럼으로써 적절한 기술과 책임감을 개발함에 따라) 보다 성 평등한 노동 분업으로 나아가는 데 도움을 주었다.[10]

법정 공휴일 추가 지정

연차 휴가

공휴일은 영국과 미국을 제외한 대부분의 OECD 국가에서 법정 연차 휴가에 포함되지 않고 따로 추가된다. 어떤 곳에서라도 노동자들이 연차 휴가의 일부로 공휴일을 사용하도록 강요 받아서는 안 된다.

임금피크제

고령의 노동자는 퇴직이 가까워짐에 따라 수년에 걸쳐 점진적으로 노동시간을 줄일 수 있는 권리를 가져야 한다. 예를 들어 그들이 55세부터 매년 주당 1시간을 포기한다면 20년 이내에 그들은 주당 총 노동시간을 20시간 줄일 수 있게 된다. 모든 사람이 75세까지 계속 일하기를 원하지는 않기 때문에, 각 개인은 예를 들어 60세에서 80세 사이처럼 지정된 범위 안에서 자신이 언제 일을 그만둘지 선택할 수 있어야 한다. 유연한 퇴직은 노동자들이 더 오래 일한 대신 자신의 삶에서 좀 더 빨리 쉴 수 있도록 하는 '시간은행' 제도와 연동될 수 있다.[11] 연금에 대한 권리가 보장된다면, 이러한 임금피크제는 수습 제도 등을 통해 젊은 사람들이 더 많은 일을 할 수 있도록 도움을 줄 수 있다. 조금씩 노동시간을 단축함으로써 그들은 '벼랑 끝 은퇴'라는 표준 관행의 결과로 너무도 자주 발생하는 우울과 고립에 대한 위험도 낮출 수 있다. 여기서 노조가 의료서비스 제공업체인 '포커스 Fokus'와 '세대 협약'에 합의한 네덜란드의 유용한 사례를 (다시) 참고할 만하다. 그들은 연금에 대한 권리를 보장해주는 대신 노동시간을 고령 노동자로부터 젊은 노동자들에게 이전하도록 합의했다.[12]

여론 전환

무엇이 '정상'인가에 대해 깊이 뿌리박힌 고정관념은 노동시장
단축을 가로막는 최악의 장애물로 알려져 있다. 따라서 노동시간
단축을 위해 가장 중요한 일은, 왜 그것이 필요하고 어떤 이익을
가져다주며 어떻게 그것이 달성 가능한지를 보여주는 사례를
만들어냄으로써 새로운 공감대를 형성하는 것이다. 이는
공공기관과 도움을 주는 고용주들뿐만 아니라 노조와 캠페인
조직들이 맡아야 할 일이다. 그들은 지금까지 이루어진
진전 - 적절한 노동시간을 위한 공식적인 지원에 대해, 복지와
업무의 질과 생산성에 미치는 영향의 증거에 대해, 여러 국가에서
나타난 혁신과 좋은 실천 사례에 대해 - 을 널리 알릴 수 있다.

예를 들어, 이것은 세계인권선언(UDHR)의 '휴식과 여가를
위한 권리'나 '8시간 운동'의 성과, 또 육아휴직이나 추가 공휴일
같은 노동시간 단축에 따른 이익에 대해 널리 알리고 기념할 만한
좋은 때가 될 수 있다. 공중보건 당국은 흡연, 식이요법, 알코올
등에 대한 캠페인을 통해 개발된 기술을 사용하여 장시간
노동 체제의 건강 위험에 대한 인식을 높일 수 있다. 정부는 더
나은 일과 삶의 균형을 위해 경제산업성으로부터 고용주들이
한 달에 한 번 '빛나는 월요일'에는 노동자들이 점심시간에 출근할
수 있도록 권고한 일본의 사례를 본받을 수 있다.[13]

실질적인 경험이 축적됨에 따라 노동조합, 고용주, 정책
입안자, 공공기관, 학계 및 언론에 의해 무엇이 효과가 있는지
혹은 없는지에 대한 증거가 널리 퍼뜨려질 수 있다. 캠페인의
한 예로 뉴질랜드의 퍼페추얼 가디언이 시작한 '주4일 글로벌'을
들 수 있다.(4장 뉴질랜드 퍼페추얼 가디언 사례 참고) 또 다른

관련 사례로는 노동조합과 광범위한 사회, 경제 및 환경단체가 한데 모인 '주4일 아일랜드(4DWI)'를 들 수 있다. (4장 아일랜드 사례 참고)

변화를 포함한 계기 마련

노동시간 단축으로의 전환이 최대한 포괄적이고 공정하게 이루어지려면 진행 상황을 관찰하고 기준을 세우고 집행하며 더 많은 변화의 동력을 제공할 수 있는 제도적 틀이 필요하다. 우리는 다음과 같은 요소들을 제안한다.

독자적인 감독 체계 수립

유럽 전역의 많은 국가에서 최저 임금이 권장되고 책정되는 방식과 비슷한 기준으로 연간 법정 유급 휴가도 늘릴 것을 권고하는 독립 기구로 노동시간위원회(Working Time Commission)가 설립되어야 한다. 이 기구는 노동시장에 대한 독립적인 전문가 분석을 수행하고 고용과 임금에 부정적인 영향을 미치지 않으면서 가능한 한 많은 법정 휴가를 정기적으로 늘려나가도록 정부로부터 요구받을 것이다. 위원회는 유급 휴가에 대한 모든 변경사항을 검토하고 권고하게 된다. 또 미래의 임금 상승률이 전반적으로 더 느려질 것이기 때문에 그에 대한 보상으로 법정 유급 휴가를 늘리는 방향으로 입안할 의무를 갖는다.

노동시간 단축을 위한 생활임금 의무화

정부는 노동시간 단축이라는 맥락 안에서 법적으로 강제할 수 있는 최저 '생활임금'을 확정해야 한다. 이는 주당 30시간 상당의

노동을 통해 충분한 수입을 얻을 수 있도록 시간당 급여를
설정하는 것이다.

노동시간을 정확하게 측정하기

고용주들은 직원들의 노동시간을 정확하게 측정하고 보고할
수 있는 시스템을 의무적으로 구축해야 한다. 또 그 수치들은
통과된 법률의 완전한 준수를 보장하기 위해 공개되어야 한다.
구직자는 제안을 받아들이기 전에 조직의 고용 관행에 대해
더 많은 정보에 입각한 판단을 내릴 수 있게 될 것이며, 고용주들은
뛰어난 인재를 유치하기 위해 노동시간 단축을 제안하게 될 것이다.
이는 2019년 5월에 유럽사법재판소가 기업이 노동시간에 대한
법적 제한을 시행하려면 필수적으로 직원의 일일 노동시간을
기록하는 시스템을 구축하도록 의무화한 판결에 부합한다.[14]

다른 정책 프로그램과의 통합

노동시간 단축은 지역 및 국가 정책 프로그램과 개발 계획에
통합되어야 한다. 여기에는 국가 산업 전략, 기후 완화 계획,
지역 사회 개발 계획을 포함한 광범위하고 엄청난 기회들이 있으며
이 모두에는 새로운 고용 혹은 재구성된 고용이 연관되어있다.
예를 들어, UK15의 '프레스턴 모델'[15]이나 미국의 '클리블랜드
모델'[16]과 같은 지역 자산화 계획은, 부와 소득의 지역 순환은
극대화하고 외부 기업에 의한 부의 유출은 최소화함으로써 지역
경제를 재구성하는 것을 목표로 삼는다. 공공부문 고용주와
지역의 앵커 기관(anchor institutions)들은 지역에 투자하게 되고
노동조건 개선과 지역민의 이익을 위한 서비스 질 향상을 위해
그들의 구매력을 사용하게 된다. 현지 계약자들과의 합의에는

노동시간 단축과 적절한 급여에 관한 조항이 포함되어야 한다.

그린뉴딜은(2장 영국의 그린뉴딜 참고), 지속 가능한 경제를 향한 '정의로운 전환'을 이루어내기 위한 계획임과 동시에 성장 중인 세계적 운동이다.[17] 또 새로운 저탄소 일자리에 대한 투자는 그 전환의 핵심이다. 생활임금이 보장된 주당 노동시간의 단축 위에서 새로운 일자리가 창출되는 것이 사회적인 이유로, 또 환경적인 이유로 표준 관행이 되어야 한다.

비슷한 맥락에서 일부에서는 새로운 사회적 파트너십 조직이 새로운 기술에 대한 투자를 목표로 삼아 노동시간을 단축하고 임금을 보호하면서 노동인구 전반에 걸쳐 그 이익이 공평하게 분배되도록 해야 한다는 요구가 나오고 있다.[18] 또 보편적 기본소득(UBS)에 대한 제안에는 보살핌, 주택, 운송 및 기타 분야의 다양한 직업이 포함되어 누구든 지불 능력이 없더라도 삶의 필수적인 요소들을 구할 수 있도록 보장한다.[19] 여기에서도 고용의 기본 모델은 노동시간 단축과 생활임금이어야 한다.

노동시간의 제한 설정

단축된 노동시간이 공평하게 분배되도록 하고 누구나 진정으로 혜택받을 수 있게 하는 것은 정부의 아주 중요한 역할이다. 이는 보편적 기준과 자격 확립을 위한 법적 조치 도입을 의미한다.

정부는 주당 최대한도를 정해 지나친 장시간 노동을 억제 하는 법을 제정해야 한다. 노동시간위원회나 그 비슷한 조직이 있는 경우, 경제의 생산성 수준에 맞춰 노동시간의 점진적 감소를 조정하는 임무는 이 조직이 맡아 관리해야 한다. '노동자' 지위를 가진 자영업자를 포함한 모든 직원의 노동시간을 주당 48시간으로 제한하는 유럽연합(EU)의 노동시간 지침은 향후의 경제 발전을 반영한 노동시간의 추가 감축과 함께 유용한 출발점이 될 수 있다. 상한선을 설정하는 것은, 과도하고 비자발적인 초과 근무를 종식 시키고 오래 근무하는 것이 성공에 유리하다는 직장 문화의 분위기를 꺾는 데 도움이 된다.

업무시간 상한선에는 업무시간 외에는 업무와의 연결을 끊을 수 있는 권리가 포함되어야만 한다. 여기서 핵심은 유급 고용이라고 해서 이메일이나 문자메시지 같은 전자 통신으로 여가를 방해하지 못하도록 하는 것이다. 프랑스는 2017년에 이 '연결되지 않을 권리'를 법으로 명시한 최초의 국가이며,[20] 이후 이탈리아와 필리핀이 그 뒤를 이었다.[21]

노동시간 상한제의 중요한 결과는 모든 노동자가 최소 시간을 확보할 권리를 갖도록 보장한 것이다. 영국의 생활임금 재단(Living Wage Foundation)은 0시간 계약 및 기타 다양한 형태의 불안정 노동에 대처하기 위해 고안한 생활시간 캠페인을 통해 유용한 지침을 제공한다. 이 캠페인은 고용주들이 노동자들에게 적어도 4주 이상 교대근무를 통지하고 교대가 취소되어도 보수 지급을 약속하며 정확한 노동시간을 반영해 계약할 것과 노동자가 달리 요구하지 않는 한 최소 16시간의 주당 노동시간을 보장할 것을 요구하고 있다.[22]

맺으며

이 책을 쓰는 동안, 우리는 코로나19 대유행으로 야기된 전례 없는
사회적, 경제적 규범의 붕괴를 경험했다. 몇 달 사이 더 짧고 유연한
유급 노동시간에 대한 우리의 아이디어는 새로운 의미와 중요성을
갖게 되었다. 갑자기 주5일 내내 출근하는 일이 상식이 아니라
예외적인 일이 되어버렸다. 급여를 받고 안 받고를 떠나
재택근무를 하거나 아예 일하지 않는 것이 더 상식적인 일이
되었다. 의료종사자나 식료품 가게 등에서 일하는
'핵심노동자'들은 계속 출근해야 하는 동안, 다른 많은 사람은
가족들과 더 많은 시간을 보내는 데 익숙해졌다. 아이들과
운동하러 나가는 아빠들의 모습은 익숙한 풍경이 됐고 어떤
이들은 새로운 방식을 즐겼지만 또 어떤 이들은 더는 참을 수
없다고 생각했다. 많은 나라에서, '평소와 같은 일상'으로는 다시
돌아갈 수 없을 것이며 대신 아직은 뭐라고 설명하기 어려운
'뉴노멀(새로운 정상)'로 접어들 것이란 인식이 널리 퍼졌다. 적어도
지난 200년 동안 유례가 없었던 이례적인 경기 침체가 진행 중이다.
어떤 나라들은 상대적으로 더 잘 대처하겠지만, 근본적인 전
세계적 불황은 전반적으로 피할 수 없을 것이라고 여겨진다.

각 나라 정부가 봉쇄체제를 끝내고 아직 그 정체를 알 수
없는 바이러스의 재발을 막기 위해 고군분투하면서, 통근시간을

피하고 직장 내 사회적 거리를 유지하기 위해 재택근무를 확대하고 집 바깥에서 일할 때는 시차를 두는 등의 조치를 고려하기 시작했다. 동시에 자유시간이 늘어난다는 것이 어떤 느낌인지 알게 된 직장인이 크게 늘었고, 직원들의 근무시간 개편 경험을 갖게 된 고용주도 크게 늘었다. 한편, 팬데믹 이전부터 상대적으로 가난하고 힘이 없었던 사람들이 실직과 수입 감소 같은 간접적 영향뿐만 아니라 바이러스 자체에 대한 훨씬 큰 노출 위험과 다른 질병에 대한 치료 지연, 정신적 육체적 삶의 질을 위협하는 여러 상황과 마주해야 하는 등 그 부정적인 영향의 엄청난 부분을 불균등하게 감내하고 있음이 명확해졌다. 팬데믹과 그 여파로 인해 우리가 제안한 방식의 주당 노동시간 단축이 더욱 시급해졌다. 왜 그래야만 하는가에 대해서는 몇 가지 설득력 있는 이유가 있다. 첫째, 노동시간 단축은 질병 확산 위험을 최소화하는 작업 방식으로 쉽게 전환할 수 있도록 해준다. 둘째, 노동시간 단축은 한동안 계속될 것처럼 보이는 높은 실업률 기간 동안 더 많은 사람이 최소한 어느 정도는 유급 노동을 할 수 있도록 해준다. 셋째, 노동시간 단축은 고용주와 노동자 사이에서 이전과는 다른 방식으로 일하며 직장 밖에서 더 많은 시간을 보내는 새로운 경험을 쌓게 해준다. 마지막으로 빼놓을 수 없는 것은, 우리가 개괄한 노동시간 단축으로의 전환을 위한 원칙과 과정을 따른다면, 특히 급여 및 시간 할당 방법에 대한 통제와 관련된 광범위한 조치들이 지켜진다면, 노동시간 단축은 사회경제적 불평등을 줄이는 데 상당한 도움을 줄 것이다.

간단히 말해서 우리가 주장하는 바의 핵심은 다음과 같다.

맺으며

1.   모든 사람이 지금의 정규직 평균보다 훨씬 짧게 일하면서도 제대로 된 생계를 유지할 수 있어야 한다. 그 시간은 일주일에 4일 또는 30시간이 될 수도 있고 한 달이나 일 년 또는 일생에 걸쳐 균등하게 분산될 수 있다. 이는 노동자들이 그들의 복지를 개선하기 위해 더 나은 조건을 쟁취해 온 오랜 전통을 잇는 것이다.

2.   노동시간 단축은 스트레스와 불안을 줄여주고 정신건강을 보호한다. 이는 사회에 필수적인 지원을 제공하는 돌봄 및 가사 제공과 같은 무급 노동을 위한 시간을 확보해주는 동시에 상당한 가치를 창출한다.

3.   유급 및 무급 시간을 재분배하는 것은 성평등 촉진에 도움이 되며 지역공동체 활동과 정치 참여에 더 많은 시간을 사용할 수 있게 해준다.

4.   노동시간 단축은 '편의' 소비를 통한 해로운 온실가스 배출과 천연자원에 대한 파괴적 착취를 줄일 수 있도록 함으로써 사람들이 보다 지속 가능한 삶을 살 수 있도록 해준다.

5.   노동시장이 자동화를 포함한 광범위한 경제 변화에 적응해 감에 따라 노동시간이 단축되면 인구 전반에 걸쳐 더 균등하게 고용의 기회가 분배될 수 있다. 일부 부문에서는 노동시간 단축이 노동자의 시간당 생산량을 늘리고 생산성을 높일 수 있으며 모든 부문에서 노동시간 단축은 업무의 질을 높일 수 있다.

6.   노동시간 단축은 저임금 퇴치를 위한 대책과 병행되어야 한다. 대폭 단축된 노동시간과 함께 양립 가능한 실질적 생활 임금이 마련되어야 한다. 노동인구 전반에 걸친 노동시간 단축 조치들은 비록 그들이 유급 휴가를 늘리는 대신 향후 급여는 느리게 증가할 것을 받아들인다고 하더라도 기존의 급여 수준은 가능한 한 유지해야 한다.

7.   실제 경험에 따르면 노동자들은 거의 예외 없이 노동시간 단축을 환영하지만, 그 시간이 어떻게 할당될 것인지에 대해서는 자신이 통제할 수 있기를 원한다. 우리의 목표는 모든 사람이 자신들의 필요와 상황에 맞게 시간을 선택할 수 있도록 하는 것이다.

8.   이제는 무엇이 '정상'인가에 대한 개념을 바꾸고 파트타임을 새로운 풀타임으로 만들 때이다. 전환은 정부의 개입, 노동조합 협상, 공공 및 민간 부문의 선구적 고용주들의 조합을 통해 점진적으로 이루어져야 한다.

9.   우리는 충분한 급여와 유급 노동의 상한선뿐만 아니라 모두를 위한 유급 휴가의 증거를 검토하고 개선을 권고할 새로운 독립 노동시간위원회를 제안한다.

10.   노동시간 단축은 그 자체만으로는 기적을 일으킬 수 없다. 그것은 모든 사람의 복지를 향상시키고 자연환경의 한계 안에서 인류를 위해 안전하고 정의로운 공간을 만드는 것을 목표로 하는 보다 광범위한 정책 의제의 일부여야 한다.

주 註

1   들어가며

1.   J. Walker and R. Fontinha (2019), ‹Four Better or Four Worse?›, Research White Paper. Reading: Henley Business School, 8쪽.

https://assets.henley.ac.uk/defaultUploads/Journalists-Regatta-2019-White-Paper-FINAL.pdf?mtime=201907030858 07&_ga=2.65443054.1134475701.1573213618-688310915.1573213618.

2.   C. Ibbetson (2019), ‘Business backs a four-day working week’, Yougov.

https://yougov.co.uk/topics/finance/articles-reports/2019/09/23/business-backs-four-day-workingweek.

3.   R. Skidelsky and E. Skidelsky (2013), ‹How Much Is Enough? The Love of Money, and the Case for the Good Life›, London: Penguin, 29~30쪽.

4. TUC (2019), ‹A Future that Works for Working People›, London: TUC.
   https://www.tuc.org.uk/sites/default/files/FutureofWork Report1.pdf

5. D. Sage (2019), 'Unemployment, wellbeing and the power of the work ethic: Implications for social policy', Critical Social Policy 39(2): 205~228쪽.

6. Letters to the Editor (2019), 'Future of the NHS and Labour's four-day week', The Times.
   https://www.thetimes.co.uk/article/future-of-the-nhs-and-labour-s-four-dayweek-hs0f6qknj

7. See E. Aveling (1890), 'The eight-hour working day', Time, 632~638쪽.
   https://www.marxists.org/history/international/social-democracy/time/aveling-june.htm

8. K. Marx (1894), ‹Capital, Volume 3› London: Penguin, ch. 48.

9. The Green Institute (2016), ‹Can Less Work Be More Fair? A Discussion Paper on Universal Basic Income and Shorter Working Week›
   https://www.greeninstitute.org.au/publications/less-work-

more-fair/

10. ‘C001 – Hours of Work (Industry) Convention, 1919’
https://www.ilo.org/dyn/normlex/en/f?p=NORMLEXPUB:
12100:0::NO::P12100_ILO_CODE:C001.

11. B. K. Hunnicutt (1984), ‘The end of shorter hours’, Labor
History (3): 373~404쪽.

12. B. K. Hunnicutt (1996), ‹Kellogg's Six-Hour Day›,
Philadelphia, PA: Temple University Press.

13. A. Martin (2019), ‘Insecure work – Are we at tipping point?’
https://neweconomics.org/2019/06/insecure-work-are-we-
at-tipping-point

14. E. H. Gary (1926), ‘Attitude of certain employers to 5-day
week’, Monthly Labor Review 23(6): 16~17쪽 인용.

15. T. Messer-Kruse (2011), ‹The Trial of the Haymarket
Anarchists: Terror and Justice in the Gilded Age›, New York:
Springer.

16. E. P. Thompson (1967), ‘Time, work-discipline, and industrial
capitalism’, ‹Past & Present› 38: 56~97쪽.

17. B. Adam (2013), 'Clock time: Tyrannies and alternatives', in A. Coote and J. Franklin, ‹Time on Our Side›, London: New Economics Foundation, 35~36쪽.

18. A. Coote and S. Lyall S (2013), ‹Strivers v. Skivers: The Workless Are Worthless›, London: New Economics Foundation.
   https://neweconomics.org/uploads/files/Strivers-vs.-skivers_final.pdf

19. E. Musk (2018), Tweet, 26 November.
   https://twitter.com/elonmusk/status/1067173497909141504?ref_src=twsrc%5Etfw%7Ctwcamp%5Etweetembed%7Ctwterm%5E1067173497909141504&ref_url=https%3A%2F%2Fwww.businessinsider.com%2Felon-musk-nobody-changed-world-40-hours-a-week-not-true-2018-11

20. J. Ma (2019), 'Jack Ma endorses China's controversial 12 hours a day, 6 days a week work culture', CNN Business

21. OECD data (2018).
   https://data.oecd.org/lprdty/gdp-per-hour-worked.htm

2   우리는 왜 더 적게 일해야 하는가

1. W. Stronge and A. Harper (eds) (2019), ‹The Shorter Working Week: A Radical and Pragmatic Proposal›, Hampshire: Autonomy.

    http://autonomy.work/wp-content/uploads/2019/01/Shorter-working-week-final.pdf

2. Health and Safety Executive (2018), ‹Work-Related Stress, Anxiety and Depression Statistics in Great Britain, 2017›

    http://www.hse.gov.uk/statistics/causdis/stress.pdf .

3. T. Yamauchi 외 (2017), 'Overwork-related disorders in Japan: Recent trends and development of a national policy to promote preventive measures', Industrial Health 55: 293~302쪽.

4. J. Kodz 외 (2003), ‹Working Long Hours: A Review of the Evidence. Volume 1– Main Report›, Employment Relations Research Series No. 16: Institute for Employment Studies.

5. ONS (2018), Labour Market Economic Commentary: August 2018.

    https://www.ons.gov.uk/employmentandlabourmarket/peopleinwork/employmentandemployeetypes/articles/labourmarketeconomiccommentary/august2018

6. S. Devlin (2016), ‹Massive Surge in London's Gig Economy›, London: New Economics Foundation.

    https://neweconomics.org/2016/12/massive-surge-londons-gig-economy

7. M. Lawrence, C. Roberts and L. King (2017), ‹Managing Automation: Employment, Inequality and Ethics in the Digital Age›, London: IPPR

    http://www.ippr.org/publications/managing-automation.

8. M. Marmot (2010), ‹Fair Society Healthy Lives›, London: Institute of Health Equity.

    http://www.instituteofhealthequity.org/resources-reports/fair-society-healthy-lives-the-marmot-review/fair-society-healthy-lives-full-report-pdf.pdf.

9. R. G. Wilkinson and K. Pickett (2010), ‹The Spirit Level: Why Greater Equality Makes Societies Stronger›, New York: Bloomsbury Press.

10. A. Coote (2012), 'Growing the core economy: Gender, time and sustainable development', Local Economy 27(8): 788~795쪽.

11. A. Coote and N. Goodwin (2010), ‹The Great Transition:

Social Justice and the Core Economy〉, London: New Economics Foundation.

https://neweconomics.org/uploads/files/82c90c4bb4d6147dc3_1fm6bxppl.pdf

12. 위의 책

13. J. M. da Silva (2019), 'Why you should care about unpaid care work', OECD Development matters.

https://oecd-development-matters.org/2019/03/18/why-you-should-care-about-unpaid-care-work/

14. ONS (2016), 〈Women Shoulder the Responsibility of Unpaid Work〉

https://www.ons.gov.uk/employmentandlabourmarket/peopleinwork/earningsandworkinghours/articles/womenshouldertheresponsibilityofunpaidwork/2016-11-10

15. 위의 문서

16. M. Quinn and P. Smith (2018), 'Gender, work, and health', 〈Annals of Work Exposures and Health〉 62(4): 389~392쪽.

17. ONS (2019), 〈Labour Market Economic Commentary: April 2019〉

https://www.ons.gov.uk/employmentandlabourmarket/
peopleinwork/employmentandemployeetypes/articles/
labourmarketeconomiccommentary/april2019.

18. Joseph Rowntree Foundation (2016), ‹UK Poverty: Causes,
Costs and Solutions›
https://www.jrf.org.uk/report/uk-poverty-causes-costs-and-
solutions

19. E. Karagiannaki and T. Burchardt (2020), ‹Intra Household
Inequality and Adult Material Deprivation in Europe›,
London: LSE, CASE.
https://sticerd.lse.ac.uk/dps/case/cp/casepaper218.pdf

20. A. Coote and J. M. Himmelweit (2013), 'The problem that
has no name: Work, care and time', ‹Soundings: A Journal of
Politics and Culture› 54: 90~103쪽.

21. 위의 책, 같은 부분

22. J. M. Himmelweit, A. Coote and J. Hough (2014), ‹The Value
of Childcare: Quality, Cost and Time›, London: New
Economics Foundation.
https://b.3cdn.net/nefoundation/d38d274699e1ad7438_
jxm6i2v5l.pdf

23. 위의 책, 21~22쪽

24. D. Boyle, A. Coote, C. Sherwood and J. Slay (2010),
     ‹Right Here, Right Now: Taking Co-production into the
     Mainstream›, London: Nesta, 13쪽.

25. R. M. Ryan, K. Warren Brown and J. Bernstein (2010),
     ‘Weekends, work, and well- being: Psychological need
     satisfactions and day of the week effects on mood, vitality, and
     physical symptoms’, ‹Journal of Social and Clinical Psychology›
     (29)1: 95~122쪽.

26. J. Nässén, and J. Larsson (2015), ‘Would shorter working time
     reduce greenhouse gas emissions? An analysis of time use and
     consumption in Swedish households’, ‹Environment and
     Planning C: Government and Policy› 33: 726~745쪽.

27. F.-X. Devetter and S. Rousseau (2011), ‘Working hours and
     sustainable development’, ‹Review of Social Economy›
     69(3): 333~355쪽.

28. 위의 글.

29. 위의 글.

30. T. Kasser (2002), ‹The High Price of Materialism›, Cambridge,

MA: MIT Press.

31. Transcript (2006),'President Bush's press conference',
New York Times.
https://www.nytimes.com/2006/12/20/washington/20text-
bush.html

32. I. Gough (2017), 'Recomposing consumption: Defining
necessities for sustainable and equitable well-being',
‹Philosophical Transactions of the Royal Society› A375(2095).
http://dx.doi.org/10.1098/rsta.2016.0379.

33. A. Pettifor (2020), ‹The case for a Green New Deal›,
London: Verso

34. J. Fitzgerald, J. Schor and A. Jorgenson (2018), 'Working
hours and carbon dioxide emissions in the United States
2007–2013', ‹Social Forces› 96(4): 1851~1874쪽.

35. 위의 글.

36. K. Knight, E. Rosa and J. Schor (2013), 'Reducing growth to
achieve environmental sustainability: The role of work hours',
‹Political Economy Research Institute Working Paper Series,
No. 304›, Amherst, MA: University of Massachusetts.

37. 위 34와 같은 글

38. 위 34와 같은 글

39. J. Schor (2013), 'The triple dividend', in A. Coote and J. Franklin (eds), ‹Time on Our Side›, London: New Economics Foundation, 10쪽.

40. A. Fremstad, M. Paul and A. Underwood, A. (2019), 'Work hours and CO2 emissions: Evidence from US Households', ‹Review of Political Economy› 31(1): 42~59쪽.

3 우리 앞의 도전들

1. 희귀조류를 발견하기 위해 멀리 또 넓게 이동하는 조류 관찰자를 묘사하는 용어.

2. N. Milton (2009), 'The terrible allure of twitching', Guardian, 25 January.
   https://www.theguardian.com/commentisfree/2009/jan/25/bird-rspb-environment-twitching.

3. UK Government (2020), ‹National Minimum Wage›
   https://www.gov.uk/national-minimum-wage-rates;
   ONS (2019), ‹Employee Earnings in the UK›
   https://www.ons.gov.uk/employmentandlabourmarket/peopleinwork/earningsandworkinghours/bulletins/annualsurveyofhoursandearnings/2019.

4. A. Coote and A. Percy (2020), ‹The Case for Universal Basic Services›, Cambridge: Polity, 7쪽.

5. G. Verbist, M. Förster and M. Vaalavuo (2012), 'The impact of publicly provided services on the distribution of resources: Review of new results and methods', OECD ‹Social, Employment and Migration Working Papers› 130: 25~26쪽.

6.   Schor, 'The triple dividend', 15쪽.

7.   R. Skidelsky (2019), ‹How to Achieve Shorter Working Hours›, London: Progressive Economy Forum, 17쪽.

8.   K. Schwab (2017), ‹The Fourth Industrial Revolution›, New York: Crown Press.

9.   A. Hornberg (2019), 'How localisation can solve climate change', BBC Future.
      https://www.bbc.com/future/article/20190905-how-localisation-can-solve-climate-change

10.   C. Ibbetson (2019), 'Business backs a four-day working week', Yougov.
      https://yougov.co.uk/topics/finance/articles-reports/2019/09/23/business-backs-four-day-workingweek.

11.   T. Jackson (2017), ‹Prosperity without Growth›, Abingdon: Routledge, 147쪽.

12.   S. Kuznets, quoted in OECD (2007), 'Beyond GDP: Measuring progress, true wealth, and the well-being of nations', International Conference, November.
      https://www.oecd.org/site/worldforum06/38433373.pdf

13. Jackson (2017), 위의 책, 121쪽.

14. D. G. Myers (2000). 'The funds, friends, and faith of happy people', ‹American Psychologist› 55(1): 56~67쪽.

15. J. Michaelson and S. Mahony (2012), ‹Measuring Wellbeing: A Guide for Practitioners›, London: New Economics Foundation.
     https://neweconomics.org/2012/07/measuring-wellbeing.

16. Happy Planet Index (nd), 'About the HPI'
     http://happyplanetindex.org/about.

17. OECD (nd), ‹Measuring Wellbeing and Progress: Wellbeing Research›
     https://www.oecd.org/statistics/measuring-wellbeing-and-progress.htm.

18. K. Raworth (2017), ‹Doughnut Economics: Seven Ways to Think Like a 21st-Century Economist›, New York: Random House, 44~45쪽.

1. D. Meda (2013), 'The French experience', in A. Coote and J. Franklin (eds), ‹Time on Our Side›, London: New Economics Foundation, 143쪽.

2. P. Askenazy (2013), 'Working time regulation in France from 1996 to 2010', ‹Cambridge Journal of Economics› 37(2): 323~347쪽.

3. S. de Speigelaere (2017), 'France', in D. de Spiegelaere and A. Piasna, ‹The Why and How of Working Time Reduction›, Brussels: European Trade Union Institute, 69쪽.

4. Askenazy, 'Working time regulation in France', 332~333쪽.

5. 위의 글, 330쪽.

6. S. Lehndorff (2014), 'It's a long way from norms to normality', ‹Industrial and Labor Relations Review› 67(3): 838~863쪽.

7. C. Erhel, C. Nicole-Drancourt and L. Lima (2010), 'From selective exclusion towards activation: A life course perspective on the French social model', in D. Anxo, G. Bosch and J. Rubery (eds), ‹The Welfare State and Life Transitions: A

European Perspective›, Cheltenham: Edward Elgar, 208~230쪽.

8. J. Fagnani and M. Letablier (2004), 'Work and family life balance: The impact of the 35-hour laws in France', ‹Work Employment and Society› 18(3): 551~572쪽.

9. Lehndorff, 'It's a long way from norms to normality', 846쪽.

10. Euronews (2017), ‹Swedish Old Folks Home Abandons Six-Hour Workday Experiment›
https://www.euronews.com/2017/01/04/swedish-old-folks-home-abandons-six-hour-workday-experiment.

11. M. Congregalli (2018), 'Swedish researchers examined whether a six-hour workday is the way forward; Here's what they found', Equal Times.
https://www.equaltimes.org/swedish-researchers-examined#.XjhXf62cbBJ

12. 위의 글.

13. H. Schiller, M. Lekander, K. Rajaleid, C. Hellgren, T. Åkerstedt … G. Kecklund (2017), 'The impact of reduced worktime on sleep and perceived stress: A group randomized intervention

study using diary data', ‹Scandinavian Journal of Work, Environment & Health› 43(2): 109~116쪽.

14. Working 4 Utah (2009), Final Initiative Performance Report. https://digitallibrary.utah.gov/awweb/awarchive?item=27365.

15. L. Wadsworth and R. Facer (2016), 'Work–family balance and alternative work schedules: Exploring the impact of 4-day workweeks on state employees', ‹Public Personnel Management› 45(4): 382~404쪽.

16. Working 4 Utah, ‹Final Initiative Performance Report›

17. M. Percoco (2018), 'The impact of working time on fuel consumption and CO2 emissions of public fleets: Evidence from a policy experiment', ‹Transport Policy› 71: 126~129쪽.

18. 위의 글.

19. D. Jamieson (2011), 'Jon Huntsman's four-day work week experiment comes to an end in Utah', Huffpost US. https://www.huffingtonpost.co.uk/entry/jon-huntsman-four-day-week_n_873877?ri18n=true&guccounter=1&guce _referrer=aHR0cHM6Ly93d3cudGhlZ3VhcmRpYW4uY29t L21vbmV5LzIwMTMvZmViLzIyL2ZvdXItZGF5LXdlZWs

tbGVzcy1pcy1tb3Jl&guce_referrer_sig=AQAAAHPSNMQT
6inz1s10sOo7mp7WkQgSYpY3x1XYb_3qw5dK4aky-SWpk
O1y9tZ73sz9Y9VDuvwdCNm9vjZpzMrgGR8L_2pIDm94
MSinaZf5vPW0GIGP8A6cryfQBmj2RjMcF6Ko3OBFta0-D
fwRjIHE_KOYsGClxaR_n2cQjkoArwM1

20. 위의 글.

21. 위의 글, 5쪽.

22. M. Debacker, L. De Lathouwer and K. Bogaerts (2004), 'Time
     credit and leave schemes in the Belgian welfare state', Centre
     for Social Policy, University of Antwerp'.
     http://adapt.it/adapt-indice-a-z/wp-content/
     uploads/2014/04/debacker_lathouwer_2012.pdf.

23. P. Reick (2019), 'Why did organized labor struggle for shorter
     hours? A diachronic comparison of trade union discourse in
     Germany', ‹Labor History› (60)3: 250~267쪽.

24. P. Reick (2019), 'Why did organized labor struggle for shorter
     hours? A diachronic comparison of trade union discourse in
     Germany', ‹Labor History› (60)3: 250~267쪽.

25. P. Berg, E. Appelbaum, T. Bailey and A. Kalleberg (2004), 'Contesting time: International comparisons of employee control of working time', ‹Industrial and Labor Relations Review› (57)3: 344~345쪽.

26. J. Visser (2013), 'Database on institutional characteristics of trade unions, wage setting, state intervention and social pacts in 34 countries between 1960 and 2012', ICTWSS Database, Amsterdam Institute for Advanced Labour Studies.

27. S. De Speigelaere (2017), 'Volkswagen 28.8-hour week', in D. de Spiegelaere and A. Piasna, ‹The Why and How of Working Time Reduction›, Brussels: European Trade Union Institute, 73~74쪽.

28. Berg, Appelbaum, Bailey and Kalleberg, 'Contesting time', 345쪽.

29. P. Oltermann (2018), '28-hour week gains momentum in German unions' push for flexible rights', Guardian, 9 March. https://www.theguardian.com/world/2018/mar/09/28-hour-week-gains-momentum-in-german-unions-push-for-flexible-rights

30. Stronge and Harper, ‹The Shorter Working Week›, 63쪽

주4일 노동이 답이다

31. Reick, 'Why did organized labor struggle for shorter hours?', 261쪽.

32. G. Chazan (2018), 'German union wins right to 28-hour working week and 4.3% pay rise', Financial Times. https://www.ft.com/content/c7f0490c-0b1c-11e8-8eb7-42f857ea9f09.

33. CWU (2016), 'Drive for 35', https://www.cwu.org/news/cwu-drive-for-35

34. CWU (2018), 'Four pillars of security and pay national agreement', https://www.cwu.org/wp-content/uploads/2018/03/0555118-royal-mail-national-consultative-ballot-low-res.pdf.

35. J. Jasper (2019), 'Royal Mail wins high court injunction to stop postal strike', Guardian, 13 November. https://www.theguardian.com/business/2019/nov/13/royal-mail-wins-high-court-injunction-to-stop-postal-strike.

36. A. Barnes (2019), TEDxAukland, 'the four-day week', 28 January. https://www.youtube.com/watch?v=xjgqCgoxElw

37. H. Delaney (2019), 'Perpetual Guardian's 4-day workweek trial: Qualitative research analysis', University of Auckland Business School. https://static1.squarespace.com/static/5c3e9f3555b02cbc a8b01aab/t/5c47a97588251b738ef5ed7/1548200313282/Fi nal%2BPerpetual%2BGuardian%2Breport_Dr%2BHelen% 2BDelaney_July%2B20

38. 4 day week (nd), 'What are we?', https://4dayweek.com/

39. White Paper: The Four-day Week (2019), 'Guidelines for an outcome-based trial: Raising productivity and engagement',

40. P. Kari (2019), 'Microsoft Japan tested a four-day work week and productivity jumped by 40%', Guardian, 4 November. https://www.theguardian.com/technology/2019/nov/04/ microsoft-japan-four-day-work-week-productivity

41. 4 day week (nd), 'What it is', http://fourdayweek.ie

42. Lehndorff, 'It's a long way from norms to normality', 856~857쪽.

43. Reick, 'Why did organized labor struggle for shorter hours?', 262쪽.

44. 위의 글, 258쪽.

1. E. Chase (1993), 'The brief origins of May Day', ‹Industrial Workers of the World›

   https://www.iww.org/history/library/miscorigins_of_mayday.

2. K. Tijdens (2003), 'Employees' and employers' preferences for working time reduction and working time differentiation: A study of the 36-hour working week in the Dutch banking sector', ‹Acta Sociologica› 46(1): 69~82쪽.

3. Stronge and Harper, ‹The Shorter Working Week›

4. New Economics Foundation (2019), 'New rules for the economy: Three missions to transform our failing economicsystem',

   https://neweconomics.org/uploads/files/newrules2020.pdf.

5. 위의 글.

6. 위의 글.

7. Investors in People (2019), 'We invest in people framework'

   http://www.investorsinpeople.com/wp-content/
   uploads/2019/10/We-invest-in-people-framework.pdf.

8. E. Pluijm (2018), 'Work and care act: Types of care leave', ‹Russell Advocaten›
    https://www.russell.nl/publication/careleave-netherlands.

9. A. Dunatchik, A. and B. Özcan (2019), 'Reducing mommy penalties with daddy quotas', ‹Social Policy Working Paper› 07-19. London: LSE Department of Social Policy.

10. R. Rehel (2014), 'When dad stays home too: Paternity leave, gender, and parenting'. ‹Gender and Society› 28(1): 110~132쪽.

11. S. O'Connor (2018), 'Retirees are not the only ones who need a break', Financial Times.
    https://www.ft.com/content/aad89584-9966-11e8-ab77-f854c65a4465.

12. ETUC (2018), 'A better life for young and old(er)',
    https://www.etuc.org/en/better-life-young-and-older.

13. J. Ryall (2018), 'Shining Monday: How Japan is trying to make start of working week more palatable', Telegraph, 2 August.
    https://www.telegraph.co.uk/news/2018/08/02/shining-monday-japan-trying-make-start-working-week-palatable/ ;

J. McCurry (2018), 'Japan urges overworked employees to take Monday mornings off', Guardian, 3 August.
https://www.theguardian.com/world/2018/aug/03/japan-overworked-employees-monday-mornings-off.

14. A. Harper (2019), ‹Achieving a Shorter Working Week Across Europe: Issue 2›, London: New Economics Foundation.

15. CLES and Preston City Council (2019), 'How we built community wealth in Preston: Achievements and lessons',
https://cles.org.uk/wp-content/uploads/2019/07/CLES_Preston-Document_WEB-AW.pdf.

16. T. Howard (2012), 'Owning your own job is a beautiful thing: Community wealth building in Cleveland, Ohio', Democracy Collaborative.
https://democracycollaborative.org/learn/publication/owning-your-own-job-beautiful-thing-community-wealth-building-cleveland-ohio.

17. M. Fahnbulleh and D. Powell (2019), ‹A Green New Deal: Why a UK Green New Deal is What post-Brexit Britain Needs›, London: New Economics Foundation.

18. C. Roberts, H. Parkes, R. Statham and L. Rankin (2019), ‹The Future Is Ours: Women, Automation, and Equality in the Digital Age›, London: IPPR; Stronge and Harper, ‹The Shorter Working Week›

19. Coote and Percy, ‹The Case for Universal Basic Services›

20. N. Boring (2017), ‘France: Right to disconnect takes effect’, ‹Global Legal Monitor› https://www.loc.gov/item/global-legal-monitor/2017-01-13/france-right-to-disconnect-takes-effect/

21. Senate of the Republic (2017), ‘Legislature 17ª – Bill n.2233-B’, http://www.senato.it/japp/bgt/showdoc/17/DDLMESS/0/1022243/index.html; Republic of the Philippines House of Representatives (2017), House Bill No.4721 https://www.congress.gov.ph/legisdocs/basic_17/HB04721.pdf.

22. Living Wage (nd), ‘Living hours’, https://www.livingwage.org.uk/living-hours

역자 후기

전 세계를 휩쓴 코로나19 팬데믹(pandemic) 사태는 그동안 우리가 '정상 normal'이라고 여겨왔던 많은 것을 다시 바라보게 했다. 그중에는 이 책에서 다루고 있는 주4일제를 포함해 '이전과는 다른 방식의' 다양한 노동도 포함된다. 강제적으로나마 비대면 사회로 전환되면서 많은 기업과 기관이 재택근무, 유연근무 등 이전과는 다른 형태의 노동을 경험하게 됐고 시간이 지나 엔데믹(Endemic) 국면으로 접어든 지금은 상당히 일상화되고 보편화되었다.

2022년이 시작되면서 아랍에미리트(UAE)는 공무원을 대상으로 주4.5일제를 시작했다. 2022년 2월 15일에는 벨기에도 주4일제를 공식적으로 도입했다. 거슬러 올라가면 이미 2000년대 중반부터 상당수 서유럽 국가가 주4일제를 보편적으로 도입했으며 2019년 기준으로 미국에서는 기업들의 27%가 주4일제를 채택했다. 한국도 이런 흐름에서 예외는 아니다. 그동안 OECD 국가 중 늘 2~3위를 다툴 만큼 장시간 노동과 야근으로 악명 높았고 수면 시간도 최하위로 알려진 우리 사회에서도 최근 주4일제 혹은

주4.5일제를 채택하는 기업이 빠르게 늘어나고 있고 사회적으로도 중요한 담론으로 다루어지기 시작했다.

　　많이 일할수록 좋은가? 이런 생각은 사실 지나치게 단순하고 게으르다. 이 책의 주제랄 수 있는 '주4일 노동'이란, 간단히 말해 '임금 삭감 없이' 주당 4일 32시간만 일하도록 하는 제도다. 영국 신(新)경제재단 소속의 세 이론가는 이 책에서 고령화, 역성장, 일자리 나눔, 자동화, 그리고 무엇보다 노동 영역에서의 젠더 격차와 환경에 대한 고민 등이 피할 수 없는 조건이 된 지금, 주4일 노동이 왜 가장 절박하게 논의되어야 하는지, 왜 미래를 위해 꼭 필요한 제도인지를 설득력 있게 설명하고 있다. 주4일 노동은 전통적인 양극화를 해소하는 한편, 많은 일자리가 자동화되면서 유발되는 취업난을 해결할 수 있고 노동자들이 가족이나 친구들과 더 많은 시간을 보낼 수 있게 해주며 코로나19를 통해 경험한 환경과 생태의 보호를 위해서도 기여하고 남성과 여성이 더 동등한 방식으로 유급과 무급 노동을 공유할 수 있게 해준다. 무엇보다 한 번뿐인 우리의 인생을 과로로 인한 스트레스와 질병으로부터 보호하고 더 잘 살 수 있도록 뒷받침한다.

　　돌이켜보면, 불과 20여 년 전 주5일제 시행을 도입할 때도 엄청난 논쟁과 우려가 있었다. 한 마디로, 주5일제를 시행하면 나라가 망한다는 호들갑이었는데 그때가 불과 약 20년 전이지만 지금은 누구도 토요일에 일하는 걸 정상이라고 생각하지는 않는다. 오히려 주5일을 시행한 이후 경제성장률은 높아졌고 1인당 노동생산성도 늘어났으며 취업자가 늘어나고 '워라밸'로 표현되는 삶의 질도 이전보다 높아졌다.

　　이 책에서 보여주고 있는 것처럼, 사실 임금 삭감 없이 노동시간을 단축하고도 전반적으로 모든 면에서 긍정적인 결과를 가져온 사례는 아주 많다. 스웨덴 예테보리의 돌봄노동자들을 위한 하루 6시간 시험을 비롯해 2008년 미국 유타주의 대담한 실험, 네덜란드의 자발적 단축, 벨기에의 타임 크레딧 제도, 부문 및 작업장 수준에서의 협상 타결이 노동시간 단축을 견인한 독일 금속노조와 영국 통신노조의 사례, 뉴질랜드와 아일랜드의 사례 등 이루 열거하기 어려울 만큼 많은 실험과 사례가 우리가 나아갈 방향이 어느 쪽인지를 잘 보여주고 있다.

세상에 '당연한' 것은 없다. 특히 사회학을 공부하고 가르치는 역자들로서는 이 사실을 항상 잊지 않고 주변의 모든 걸 새롭게 바라보려 노력하고 있다. 개인의 삶도, 사회의 제도도, 주어진 조건 속에서 나날이 새롭게 긴장하고 고민하며 구성해갈 때 그나마 퇴행하지 않는다. 더 나은 개인의 삶, 더 나은 사회의 구조를 위해서도 우리가 매일 새롭게 고민하고 긴장하고 또 성찰해야 할 이유일 것이다.

주4일 노동이 모든 걸 해결해주는 만병통치약이 될 리는 만무하다. 우선, 기존의 양극화나 불균형을 오히려 강화하는 방향으로 나아가지 않도록 민간부문, 그중에서도 중소기업이 먼저 도입하여 상대적으로 근무 조건이 좋은 대기업이나 공공부문 등과 격차를 줄일 수 있도록 정부의 지원이나 다양한 노력이 병행되어야 할 것이다. 이 책을 읽고 번역하는 동안 느끼는 바가 많아 호밀밭 출판사에서도 2022년부터 시범적으로 주4일제를 도입하게 되었다. 더 섬세하고 구체적인 장치들이 고민되고 병행되어야 할 것이다.

이 책을 우리말로 옮기면서, 우리는 '근로(勤勞)'라는 말을 지양하고, 대신 의도적으로 '노동(勞動)'이라는 말을 사용했다. 예를 들어, 일반적으로는 '법정 근로시간'이라고 표현하지만, 근로는

'열심히 일한다'는 뜻으로 영어로 말하자면 'hard work'이다. 노동은 그런 강조의 의미 없이 그냥 담백하게 '일한다'는 뜻으로 영어로 말하자면 'work'이다. 언어는 존재의 집이라는 말처럼 인간의 의식은 어떤 언어를 사용하느냐에 따라 완전히 달라질 수 있기에 우리는 '근로'라는 말에 스며 있는 의도적 이데올로기를 거부하고 대신 노동이라는 말을 사용한 것이다.

더 인간답게, 더 품위 있게, 더 문화적으로 살고자 하는 우리의 건강한 욕망을 가로막는 장애물이 많다. 그중에서도 '장시간 중노동'에 대한 게으른 고정관념은 일종의 질병이고 독이다. 이 책이 이런 집단적 중독 현상에서 상쾌하게 벗어날 수 있도록 일조할 수 있다면 좋겠다. 충분히 먹고 살 만해졌는데도 여전히 우리 사회에서 '과로사'라는 말이 낯설지 않다는 건 얼마나 비극적이고 비상식적인가. 우리 모두가 지금보다 더 건강하고, 더 생기 있고, 더 행복할 수 있는 사회로 나아갈 수 있도록 함께 고민하고 더 많은 이야기를 나눌 수 있다면 좋겠다. 끝으로, 책의 마무리 과정에서 전체 원고를 감수해주신 황명호 교수님과 디테일한 부분까지 꼼꼼하게 챙겨가며 아름답게 디자인해주신 프롬더타입의 이광호 디자이너님께 특별한 감사를 전하며 글을 맺는다.

2022년의 4월에,
주4일 노동을 소망하며
이성철, 장현정

4
DAYS WEEK

4 DAYS WEEK

4 DAYS WEEK

4 DAYS WEEK